대한민국 No.1 AI 능력시험

AICE
JUNIOR
―― 실습편 ――

최정원·박지훈·서성원·김형기·권현기·오채은 지음
KT NexR Data Science팀 감수

일러두기

외래어는 외래어 표기법을 따랐으며, 한글로 표기하는 것을 원칙으로 하였으나, 영어로 된 용어를 써서 설명해야 하는 경우 알파벳으로 표기했다. 문맥에 따라 AIDU ez에 표기된 용어를 살려서 사용했다.

ⓒ 주식회사 케이티, 2023

저작권법에 의해 보호를 받는 저작물이므로 무단 전재와 무단 복제를 금지하며,
이 책 내용의 전부 또는 일부를 이용하려면 반드시 저작권자와 (주)웅진씽크빅의 서면 동의를 받아야 합니다.

들어가는 말

미국 오픈 AI(Open AI) 사(社)가 2022년 12월 1일 공개한 챗 GPT는 전 세계를 강타하며 그 열풍은 기세를 더해 가고 있습니다. 알파고(AlphaGo), 달리(DALL-E)가 사람들의 탄성을 자아냈다면 챗 GPT는 '인공지능 대중화'의 도화선이 되고 있습니다. 이미 챗 GPT는 업무에 활용되고 있고 기업에서는 직원들이 챗 GPT를 숙련된 인턴 또는 비서로 부른다고도 합니다.

현재 중고등학생인 여러분이 사회초년생이 될 때쯤이면 마치 워드, 엑셀, 파워포인트를 다루듯 인공지능 기술을 활용하여 업무 생산성을 높이는 것이 일상이 되어 있을 것입니다. 즉 가까운 미래에는 생활 속에서 인공지능을 얼마나 잘 활용하느냐에 따라 습득할 수 있는 정보의 양과 높일 수 있는 업무 생산성이 달라질 것입니다.

교육 정책도 크게 변화하고 있습니다. 인공지능 시대를 맞이할 학생들이, 일상에 녹아든 인공지능을 자연스럽게 활용하고 그 역량을 활용하여 문제를 해결해나가는 창의적인 생산자가 되도록 인공지능 교육이 강화될 예정입니다.

그렇다면 지금 우리에게 필요한 것은 무엇일까요? 어릴 때부터 인공지능에 대한 기본기를 체계적으로 탄탄하게 갖추는 것입니다. 컴퓨터와 계산기가 있는데도 우리는 여전히 수학을 공부합니다. 이미 인공지능을 활용하고 있는데 인공지능의 개념과 원리를 잘 알아야 하는 이유는, 이러한 지식이 문제해결 능력과 아이디어 창출 능력을 배가시킬 수 있기 때문입니다. 자동차 관리법, 응급상황 대처법, 자동차 관련 상식 등에 대해 잘 알고 있는 운전자가 소모품의 교환주기를 바로 알고, 경제적인 자동차 관리를 할 수 있는 것처럼 말이죠.

AICE(AI Certificate for Everyone)에는 KT의 인공지능/소프트웨어(AI/SW) 인재육성 노하우가 고스란히 담겨 있습니다. 사내 AI 자격증으로 출발한 AICE는 AI 교육 동기부여 및 목표점 제공, 기업의 전반적 디지털 역량 수준 계량화에 도움을 주고 있고, 이러한 경험과 노하우를 바탕으

로 실무 AI 역량 수준을 검증하고 사회적으로 통용될 수 있는 자격제도로 개발하여 서비스 중에 있습니다.

파이썬 코딩으로 입문하기 전 AICE JUNIOR 교육과정과 자격시험을 통해 데이터를 수집·분석하고 AI 모델링을 해보며 전체적인 인공지능의 프로세스를 이해할 수 있을 것이라 생각합니다. 특히 사례 실습 과정에서 사용되는 AIDU 플랫폼은 KT 직원을 교육하기 위해 만들어진 유용한 실습 도구입니다.

모쪼록 AICE JUNIOR를 통해 인공지능에 대한 흥미와 자신감을 얻고 인공지능 지식의 기본기를 탄탄하게 다지는 계기를 만나길 기원합니다.

2023년 8월
Team AICE

이 책을 내며

이 수험서를 펼친 학생 여러분, 반갑습니다. 이 책은 초등학생 → 중고등학생 → 대학생 → 성인으로 이어지는 단계별 AICE 자격 중에서 중고등학생 대상 인공지능 자격증 취득을 위한 대한민국 첫 수험서입니다. AICE 자격증은 주요 대학의 졸업 요건이나 기업의 직원 교육에 채택되고 있어 그 명성과 중요성은 더 이상 말할 필요도 없습니다.

이 책은 인공지능, 머신러닝, 딥러닝의 이론과 실습을 세심하게 설명하며, 수험에 필요한 출제 유형을 익힐 수 있게 구성되어 있습니다. 하지만 이 책의 목표는 단순히 '합격' 그 이상으로, 실제 인공지능에 대해 깊이 이해하고, 사회의 복잡한 문제를 해결하는 경험을 제공하고 있습니다.

중고등학교 교사의 현장 교육 경험을 토대로 집필된 이 책을 통해 여러분은 인공지능에 대한 탄탄한 기초를 다지게 될 것입니다. 그뿐만 아니라 어떤 새로운 문제에 직면하더라도 인공지능을 이용하여 쉽게 문제를 해결하는 능력을 길러줄 것입니다.

여러분의 흥미로운 인공지능 여정을 위한 첫 걸음, 함께 시작해봅시다!

— 상인천중학교 최정원 교사

안녕하세요, 미래의 주인공이 될 여러분.

AI는 과학, 기술, 수학, 예술, 언어, 철학까지 아우르며, 우리의 창의력과 사고력을 발휘하도록 돕는, 변화하는 세상의 중심 기술입니다. AICE 자격시험을 준비하는 동안 AI는 단지 자격증을 취득하는 도구가 아닌, 세상을 이해하고 새로운 가능성을 만들어내는 능력을 키울 수 있게 도와주는 기술임을 체험하게 될 것입니다.

AI는 누구에게나 공평한 기회를 제공합니다. 여러분의 나이, 배경, 지식에 상관없이 노력, 열정, 호기심만 있다면 AI는 중요한 문제의 해답을 찾아내는 데 도움을 주는 훌륭한 친구가 될 것입니다.

이 책을 통해 AI를 공부하고 활용하는 것은 새로운 지식을 얻는 것 이상의 의미가 있습니다. 이것은 세상의 흐름과 혁신의 중심인 AI 기술을 습득하고, 현대사회의 당면 과제를 이해하고 해결할 수 있는 능력을 갖추기 위한 기초를 닦게 될 것입니다. 이 책과 함께 미래의 변화를 이끌 AI 세계로의 여정을 같이 떠나봅시다.

— 대전과학고등학교 박지훈 교사

'인공지능'이라는 단어를 들었을 때 무엇이 떠오르나요? 챗 GPT 같은 인공지능 서비스를 떠올리는 사람도 있을 것이고 막연한 기대감과 동시에 불확실성 같은 감정을 먼저 느끼는 사람도 있을 겁니다. 그 이유는 인공지능에 대해 정확하게 이해하지 못했기 때문입니다. '지피지기 백전불태'라는 속담처럼 적을 알고 나를 알면 이길 수 있습니다. 인공지능은 알아야 할 기술이지 피해야 할 기술이 아닙니다. 이제 새로운 도전을 시작해볼 시간입니다.

수학을 배우면 논리적인 문제를 해결하는 능력을 키울 수 있고, 외국어를 배우면 소통의 문제를 해결할 수 있습니다. 새로운 지식을 배운다는 것은 나의 문제해결 방법이 하나 더 늘어난다는 것을 의미합니다. 인공지능을 배우면 데이터를 이용한 예측 문제를 해결하는 역량을 키울 수 있습니다.

이 책은 KT AIDU ez 플랫폼을 이용하여 기초적인 이론을 익히고 다양한 실습을 할 수 있도록 구성되어 있습니다. 또한 KT의 AICE JUNIOR 자격증 취득에 도움을 줄 수 있는 수험서입니다. 인공지능과 자격증도 모두 내 것으로 만들어볼까요? 여러분과 함께 인공지능의 세계에서 새로운 시각을 넓혀가는 탐험을 시작하겠습니다.

— 마포고등학교 서성원 교사

컴퓨팅 사고력이 필요한 시대를 넘어,
인공지능과 함께해야 하는 필연적인 시기의 주인공인 여러분.
첫 시작이 어렵고 막막하다면 이 책을 펼쳐보세요.
이 책은 중고등학생들이 머신러닝과 딥러닝을 사례와 실습을 통해 쉽게 이해하고, 나아가 인공지능 자격증 취득까지 준비할 수 있도록 돕는 수험서입니다. 인공지능의 모든 것을 책 한 권에 담을 수는 없지만, 적어도 인공지능을 이제 공부하기 시작한 학생들이 꼭 알아야 할 내용을 담았습니다.
첫 걸음을 두려워하지 마세요.
인공지능 시대의 주인공이 될 여러분을 위해 이 책이 작지만 큰 밑거름이 되길 소망합니다.

— 인하사대부속중학교 김형기 교사

AICE JUNIOR란?

1. AICE 개요

AICE(AI Certificate for Everyone)는 인공지능 활용능력을 검증하는 대한민국 No.1 AI 능력시험입니다. KT가 개발하고 한국경제신문이 함께 주관하는 AICE는 AI 역량 기준을 제시하고, 인공지능 기술을 제대로 다룰 수 있는지를 검증합니다.

2. AICE 종류

초등학생부터 성인까지, 비전공자부터 전문 개발자까지 생애주기별로 요구되는 AI 역량에 따라 5개의 레벨로 구성되어 있습니다.

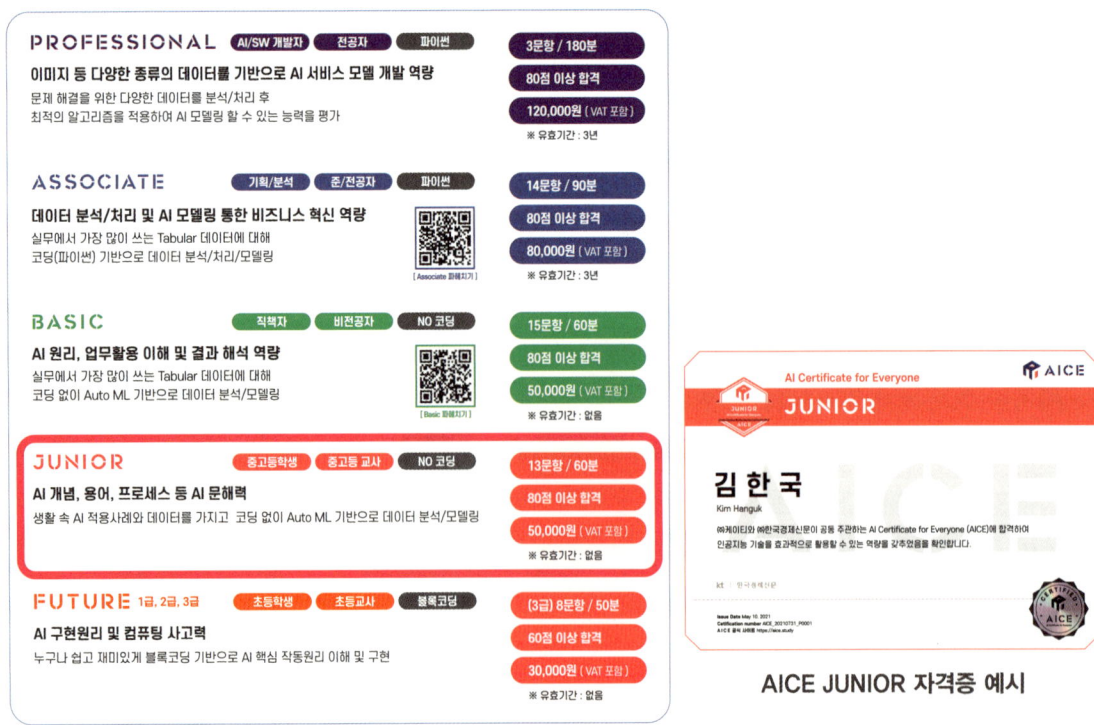

AICE JUNIOR 자격증 예시

3. AICE JUNIOR 특징

1) 기업 실무 과정을 응용한 AI 교육에 특화된 이론 및 사례 실습 구성(No 코딩 방식)
2) 현직 정보교사들이 정규 교과를 보완할 수 있는 수준과 내용으로 강의
3) AI 전문가들의 검증을 거친 국내 최초 AI 활용능력시험

4. AICE JUNIOR 시험 안내

1) 주요 내용
AICE JUNIOR는 AI 개념, 용어, 프로세스 등 AI 문해력을 이해하고 활용하는 역량을 평가합니다. 생활 속 AI 적용 사례와 데이터를 가지고, 코딩이 아닌 AIDU ez를 활용하여 데이터 분석과 AI 모델을 구현합니다.

2) 문항 수와 출제 범위
총 13문항으로 구성되어 있으며, 아래 출제 범위에 따라 데이터 분석과 AI 관련 용어를 이해한 후 실습을 통해 풀이합니다.

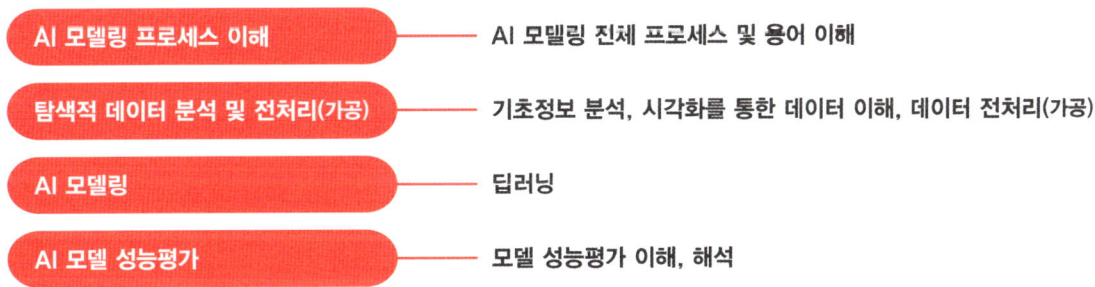

3) 접수 및 응시 방법
AICE 홈페이지(https://aice.study)에서 온라인으로 시험 접수 및 응시가 진행됩니다. 시험에 대한 자세한 사항은 공지사항을 참고하세요.

4) 응시 시간 및 응시료
시험은 총 60분 동안 진행되며, 시험 시작 30분 전부터 온라인 감독을 위한 사전 환경 세팅이 진행됩니다. 응시료는 50,000원입니다.

5) 합격 기준
시험 응시 약 2주 후 결과를 확인할 수 있습니다. 80점 이상(100점 만점 기준)이면 AICE JUNIOR 자격증이 발급됩니다.

AIDU ez 소개 및 기능

1. AIDU ez 란?

AIDU ez(에이 아이 두 이지)는 AICE를 위한 AI 실습 플랫폼으로, AIDU는 'AI do, I do + Education'의 합성어입니다. 교육, 실습 그리고 시험까지 AICE의 모든 서비스는 AIDU ez를 통해 제공됩니다.

▶ **Jupyter lab (AICE Associate · Professional에 활용)**
실제 개발 환경과 동일한 환경에서 파이썬 코딩 기반으로 실습할 수 있는 AI 개발 Tool.

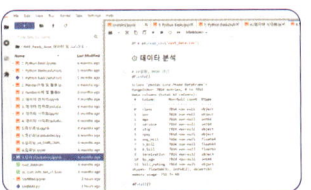 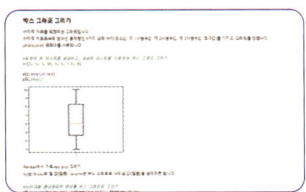 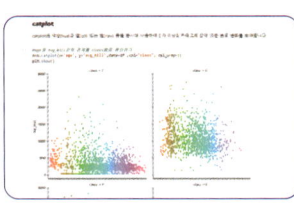

▶ **AIDU ez (AICE Junior · Basic에 활용)**
코딩 없이 마우스 클릭만으로 데이터 분석부터 AI 모델링까지 가능한 Auto M/L 기반 AI 개발 Tool.

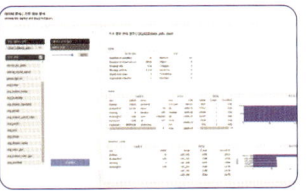 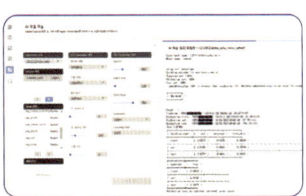 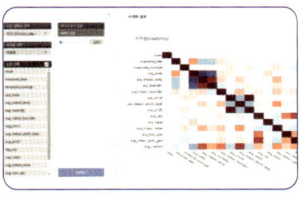

2. AIDU ez 설치 및 실행하기

AIDU ez는 크롬(chorme) 브라우저에 최적화되어 있으므로 크롬 사용을 권장합니다. 크롬이 설치되어 있지 않은 경우 먼저 크롬을 다운로드한 후 설치합니다.
☞ https://www.google.com/intl/ko/chrome

1) AICE 홈페이지 접속

AICE 홈페이지(https://aice.study) 내에서 회원가입을 한 후 로그인해야 AIDU ez에 접속이 가능합니다.

2) AICE 실습 → 나의 프로젝트 접속

AIDU 기능은 로그인 후 'AICE 실습 → 나의 프로젝트'에서 실행 가능합니다. 직접 프로젝트를 생성할 수도 있고, AICE가 제공하는 프로젝트에 참여할 수도 있습니다.

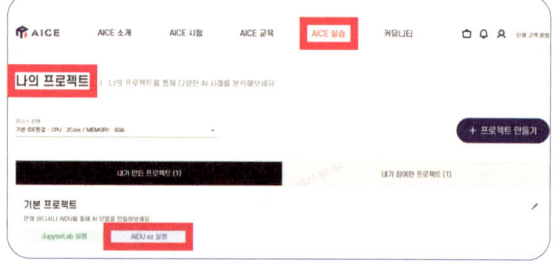

3) AICE ez 실행

하단에 있는 'AIDU ez 실행' 버튼을 누르면, 팝업으로 IDE(통합개발환경)이 열립니다. 창이 뜨지 않는 경우 URL 창에서 해당 사이트가 팝업 차단이 되어 있는지 확인합니다.

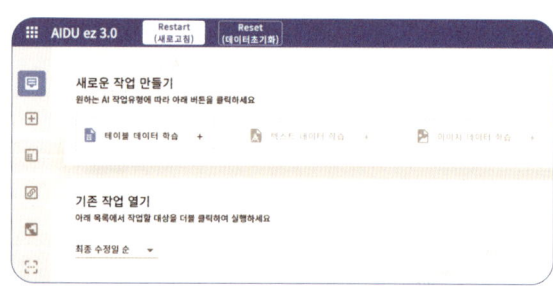

3. AIDU ez 살펴보기

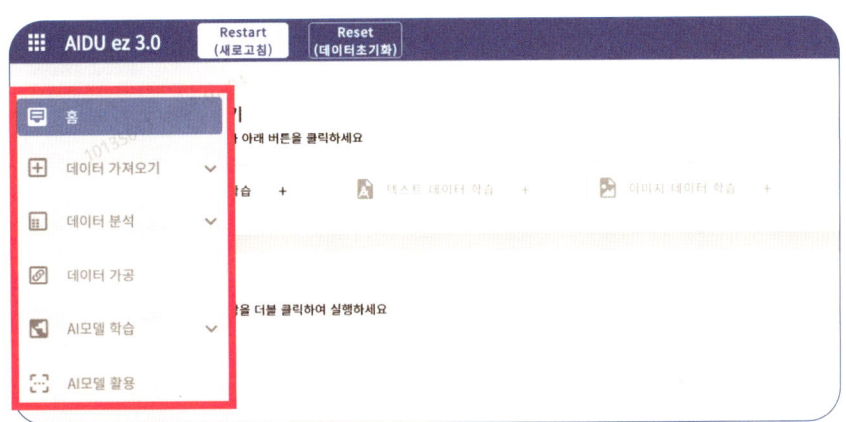

메뉴명	기능
① 홈	새로운 작업을 만들기 위해 원하는 AI 작업 유형을 선택합니다.
② 데이터 가져오기	AI 학습에 사용할 데이터를 AIDU ez 작업 공간으로 가져옵니다.
③ 데이터 분석	데이터에 대한 기본적인 통계 정보를 확인합니다.
④ 데이터 가공	성능이 좋은 AI 모델을 만들기 위해 데이터 가공을 수행합니다.
⑤ AI 모델 학습	학습한 모델로 시뮬레이션 해봅니다.
⑥ AI 모델 활용	학습한 모델을 활용합니다.

1) 홈 → 테이블 데이터 학습

새로운 작업을 만들기 위해 '테이블 데이터 학습'을 선택합니다.

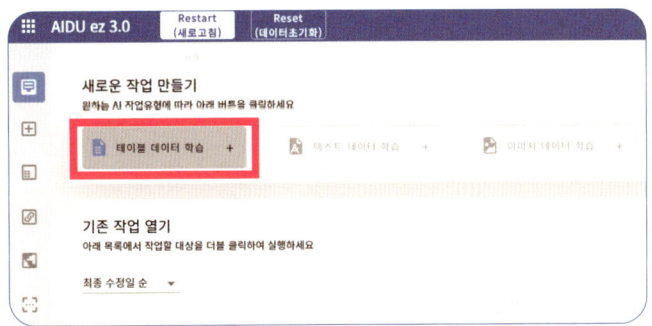

2) 데이터 가져오기 → AIDU에서 가져오기 / PC에서 가져오기

데이터를 프로젝트에 미리 업로드한 후, AIDU ez에서 데이터를 가져올 수 있습니다. PC에서 데이터를 직접 가져오는 것도 가능합니다. 이 책의 실습에 필요한 데이터 파일*(.csv)은 AICE 홈페이지에서 다운로드할 수 있습니다.

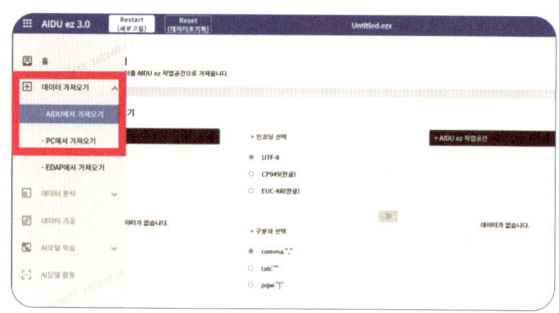

※ 실습 데이터는 KT의 자산이므로 일부 또는 복사, 복제, 판매, 재판매 공개, 공유 등을 할 수 없습니다. 이를 위반할 경우 지식재산권 침해에 대한 책임을 부담할 수 있습니다.

3) 데이터 분석 → 기초정보 분석 / 시각화 분석 / 비지도 학습 분석 / 데이터 샘플 보기

데이터의 특성이나 패턴을 확인하기 위한 과정입니다. AIDU ez의 데이터 분석 기능을 통해 데이터의 현상을 다양한 방식으로 파악할 수 있습니다.

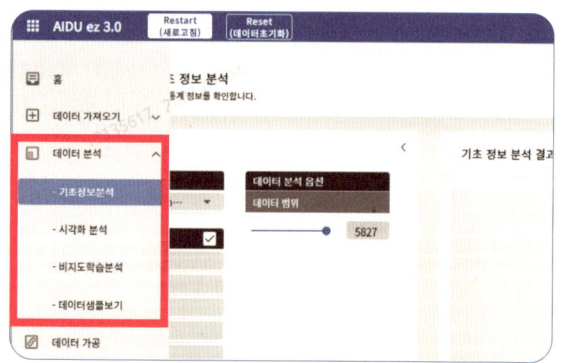

4) 데이터 가공

데이터 가공은 AI 모델 학습을 위해 데이터를 구조화하고 품질을 높이는 과정입니다. 데이터 가공은 데이터의 형태(Type)에 따라 가공 방법을 다르게 적용해야 합니다.
대표적으로 데이터 정제 기법(결측값 처리, 이

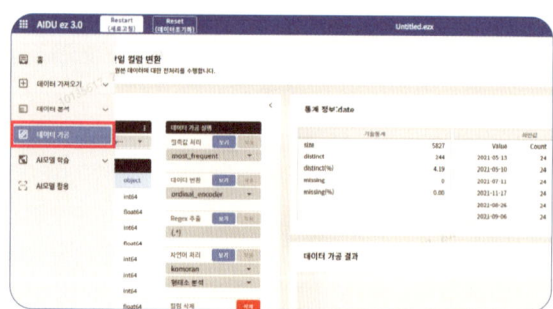

상치 처리) 기법과 데이터 변환 기법(인코딩, 스케일링)이 활용됩니다.

5) AI 모델 학습 → 머신러닝 학습/ 딥러닝 학습

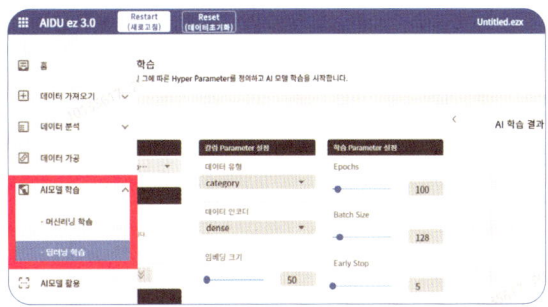

AI 모델을 만든다는 것은 데이터에 적합한 알고리즘을 선택하여 AI 모델링을 해나가는 과정을 포함합니다. AIDU ez는 각각의 데이터에 따라 자동으로 알고리즘과 AI 모델링 과정이 세팅되도록 하여, 사용자가 편리하고 쉽게 AI 모델 성능을 구현할 수 있도록 지원합니다.

6) AI 모델 활용

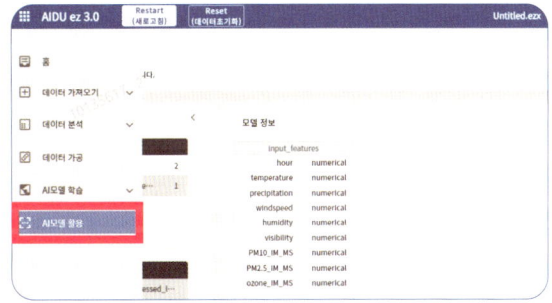

우리가 만든 모델을 활용하여 변수 영향도를 확인하고 시뮬레이션을 통해 예측 결과를 확인할 수 있습니다.

AIDU ez 소개 및 기능

차례

들어가는 말 · 4
이 책을 내며 · 6
AICE JUNIOR란? · 8
AIDU ez 소개 및 기능 · 11
INTRO 이 책의 활용 및 구성: 공공자전거 수요 예측하기 · 18

CHAPTER 01 공공자전거 알아보기
공공자전거는 왜 생겨났을까 · 24

CHAPTER 02 문제 정의하기
공공자전거 수요 예측은 왜 필요한 것일까 · 28
  더 알아보기 공공자전거를 이용하는 사람은 얼마나 많을까 · 30

CHAPTER 03 데이터 수집하기
공공자전거 수요 예측을 위한 데이터는 어떻게 수집할까 · 32
1. 공공자전거 대여량 데이터는 어디서 수집할 수 있을까 · 33
2. 날씨 데이터는 어디서 수집할 수 있을까 · 34
3. 미세먼지 데이터는 어디서 수집할 수 있을까 · 34
4. 인구 데이터는 필요할까 · 34
5. 공공자전거 데이터를 살펴볼까 · 35
  더 알아보기 미세먼지 농도와 초미세먼지 농도 · 37
  더 알아보기 오존 농도 · 38
  더 알아보기 정형데이터 · 38

CHAPTER 04 데이터 분석하기
공공자전거 수요 예측을 위해 데이터를 분석해볼까 · 40
1. 기초정보를 분석해볼까 · 40
   - 더 알아보기 AIDU ez에서 사용하는 통계 용어 · 44
2. 시각화 분석을 해볼까 · 48
   - 더 알아보기 시각화의 목적 · 48
   - 더 알아보기 시각화 차트 · 52

CHAPTER 05 데이터 가공하기
공공자전거 수요 예측을 위해 데이터를 가공해볼까 · 58
1. 문제 상황 및 기초 개념을 알아볼까 · 58
2. 데이터 가공은 어떻게 진행될까 · 60
   - 더 알아보기 인코딩(Encoding) · 69

CHAPTER 06 AI 모델 학습하기
공공자전거 수요 예측을 위해 AI 모델을 학습시켜볼까 · 74
1. 지도 학습의 분류와 회귀에 대해 알아볼까 · 75
2. 딥러닝 학습은 어떻게 진행될까 · 76
3. AIDU ez에서 딥러닝 학습 순서는 어떻게 될까 · 78

CHAPTER 07 AI 모델 활용하기
공공자전거 수요 예측을 위해 AI 모델을 활용해볼까 · 94

모범 답안 · 97

INTRO
이 책의 활용 및 구성
– 공공자전거 수요 예측하기

공공자전거 수요 예측

AI 프로세스

1. 문제 정의
2. 데이터 수집
3. 데이터 분석/가공
4. AI 모델 학습
5. AI 모델 활용

책 목차	온라인 콘텐츠 목차
CHAPTER 01 공공자전거 알아보기	
CHAPTER 02 문제 정의하기	1. 문제 정의하기
CHAPTER 03 데이터 수집하기	2. 데이터 수집하기
CHAPTER 04 데이터 분석하기 CHAPTER 05 데이터 가공하기	3~4. 데이터 분석/가공하기(1),(2) 5. 데이터 분석/가공하기(3)
CHAPTER 06 AI 모델 학습	6. AI 모델 학습하기(1),(2)
CHAPTER 07 AI 모델 활용	7~8. AI 모델 활용하기

※ 온라인 콘텐츠는 https://aice.study → AICE 교육 메뉴에서 학습하실 수 있습니다.

실습 주제
공공자전거는 언제 얼마나 타는 것일까?

│ 인공지능을 활용한 공공자전거 수요 예측 과정 한눈에 살펴보기

AI 문제해결 프로세스

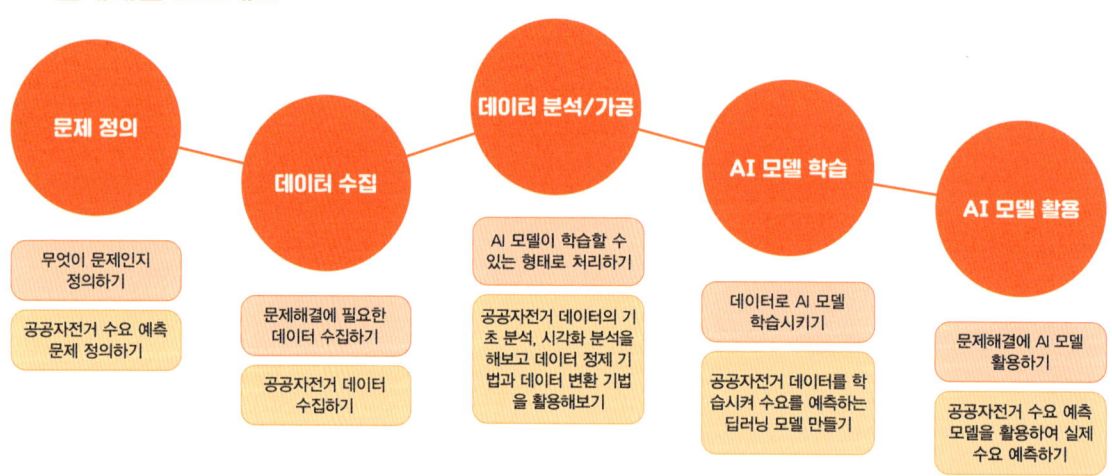

│ 학습 내용

- 공공자전거 알아보기
- 공공자전거 수요 예측 문제 정의하기
- 공공자전거 수요 예측을 위한 데이터 수집하기
- 공공자전거 수요 예측을 위한 데이터 분석하기
- 공공자전거 수요 예측 데이터 가공하기
- AI 모델 학습하기
- AI 모델 활용하기

이 책의 구성 및 활용

- AI 모델을 생성하여 문제를 해결하는 실습 과정을 한 단계씩 차근차근 거치도록 안내되어 있습니다. 실제 문제를 해결하는 방법을 익히고 활용할 수 있습니다.

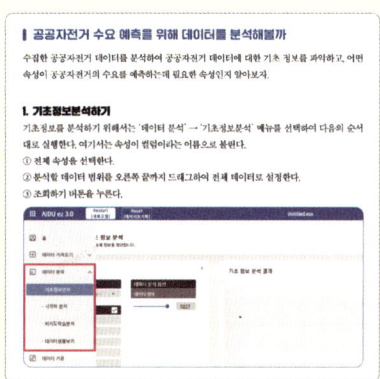

- 다양한 퀴즈를 통해 인공지능 문제해결 과정을 깊이 있게 익힐 수 있도록 합니다. 온라인 콘텐츠와 연계하면 풀이 강의도 들을 수 있습니다.

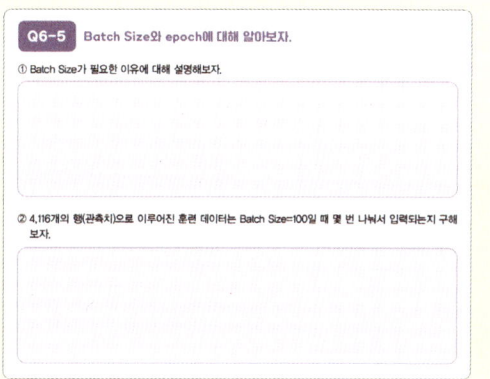

- '더 알아보기'를 통해 AI 문제해결 과정과 연계된 이론을 학습할 수 있습니다.

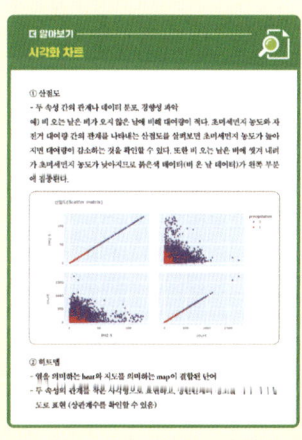

- '모범 답안'에는 퀴즈에 대한 정답과 친절한 해설이 포함되어 있어 자기주도적으로 실력을 다질 수 있습니다.

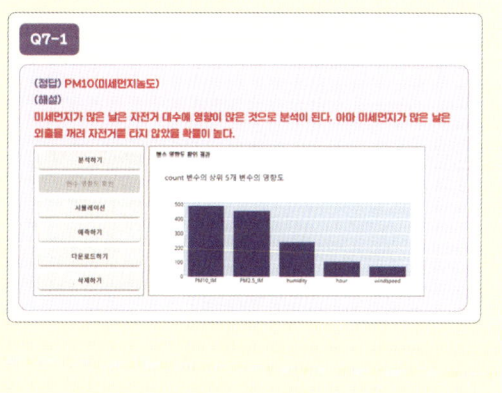

공공자전거 알아보기

학습목표 공공자전거의 역할과 기능을 살펴보고 공공자전거 수요 예측의 필요성을 설명할 수 있다.
학습내용 공공자전거 알아보기

공공자전거는 왜 생겨났을까

공공자전거는 전 세계 약 300여 개의 도시에서 운영하고 있는 공용 자전거이다. 언제 어디서나 쉽게 대여했다가 반납하는 편리한 시스템, 교통문제 해결, 친환경 요소라는 특징 때문에 여전히 많은 도시에서 도입하고 있다. 우리나라의 몇몇 도시에서도 운영하게 되면서 등하교하는 학생, 출퇴근하는 직장인은 물론 관광객들도 이동수단으로 이용하고 있다.

Q1-1 공공자전거를 이용해본 경험을 적고, 공공자전거를 이용하면 어떤 장점이 있는지 적어보자.

Q1-2 각 시도별 공공자전거는 어떤 이름으로 불리고 있을까?

따릉이 ·					· 세종

타슈 ·					· 광주

타랑께 ·					· 대전

어울링 ·					· 서울

전국 공유자전거 지도

CHAPTER 01 공공자전거 알아보기

문제
정의하기

학습목표 공공자전거 데이터 분석을 위한 문제를 명확하게 정의할 수 있다.
학습내용 문제 정의하기

공공자전거 수요 예측은 왜 필요한 것일까

공공자전거를 이용하다 보면, 어떤 날은 자전거가 많이 남아 있지만, 어떤 날은 한 대도 없을 때가 있다. 이런 날은 공공자전거를 타러 갔다가 당황하기 일쑤다. 대체 이런 현상이 나타나는 이유는 무엇일까? 사람들은 언제 공공자전거를 이용하는 것일까?

Q2-1 만약 공공자전거에 대한 정보가 있다면 사람들이 공공자전거를 많이 사용하는 때를 파악할 수 있을까? 다음 질문에 생각을 적어보자.

① 공공자전거와 관련된 다양한 정보가 담긴 데이터가 있다면 공공자전거 이용 패턴을 알 수 있을까? 알 수 있다면 어떻게 알 수 있을까?

② 공공자전거 데이터를 이용하면 공공자전거의 수요를 예측할 수 있을까? 예측할 수 있다면 어떻게 알 수 있을까?

③ 공공자전거 데이터 분석 결과가 사회에 도움이 되려면 어떻게 활용하는 것이 좋을까?

Q2-2 앞에서 생각해본 점들을 종합하여 문제를 정의하고 문제해결의 필요성을 제시해보자.

더 알아보기
공공자전거를 이용하는 사람은 얼마나 많을까

공공자전거의 편의를 깨닫게 되면서 시민뿐 아니라 여행객이 이용하는 경우도 많아지고 있다. 〈서울 교통이용 통계보고서〉에 따르면 서울시에서 운영하는 공공자전거 따릉이는 대여소와 자전거 대수도 점점 늘고 있고 이용하는 사람들도 지속적으로 증가하는 추세이다.

따릉이 이용 현황을 분석한 결과, 시민들은 출퇴근 시간대 교통수단으로 공공자전거를 선택하는 경우가 많았고 주말에는 여유롭게 여가를 즐기며 더 길게 이용하는 것으로 나타났다.

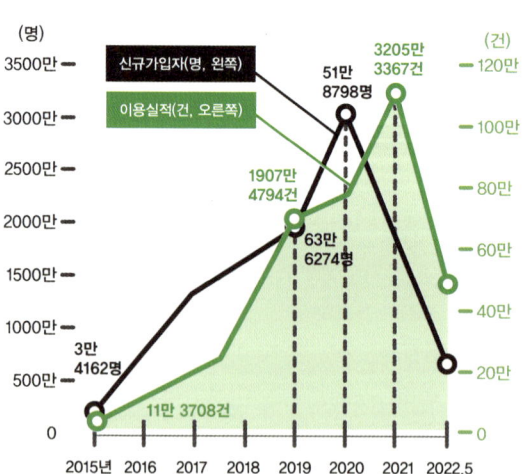

출처: 서울 교통이용 통계보고서. https://www.kukinews.com/newsView/kuk202208190134

데이터 수집하기

학습목표 다양한 경로를 통해 공공자전거 데이터를 수집할 수 있다.
학습내용 데이터 수집하기

공공자전거 수요 예측을 위한 데이터는 어떻게 수집할까

공공자전거의 수요를 예측하기 위해서는 어떤 데이터가 필요하고 어떻게 수집할 수 있는지 생각해보자.

Q3-1 사람들은 언제 공공자전거를 이용하고, 언제 이용하지 않을까?

공공자전거를 이용할 때	
공공자전거를 이용하지 않을 때	

Q3-2 어떤 데이터들이 공공자전거 이용에 영향을 미치는 요인이 될지 적어보고, 다른 요인들도 생각해보자.

요인	요인의 필요 여부	상세 요인
날씨		
미세먼지		
인구		
공공자전거 대여량		
(필요한 추가 요소 작성란)		
(필요한 추가 요소 작성란)		

1. 공공자전거 대여량 데이터는 어디서 수집할 수 있을까

공공자전거에서 '공공'이라는 단어를 생각해보면 공공데이터를 제공하는 사이트를 먼저 찾아봐야 한다는 것을 알 수 있다. 우리나라의 공공데이터는 국가에서 운영하는 공공데이터포털(https://www.data.go.kr), 시도에서 운영하는 서울 열린데이터광장(https://data.seoul.go.kr), 경기 데이터드림(https://data.gg.go.kr) 등과 같은 사이트와 공공기관에서 운영하는 국가통계포털(https://kosis.kr) 등에서 수집할 수 있다.

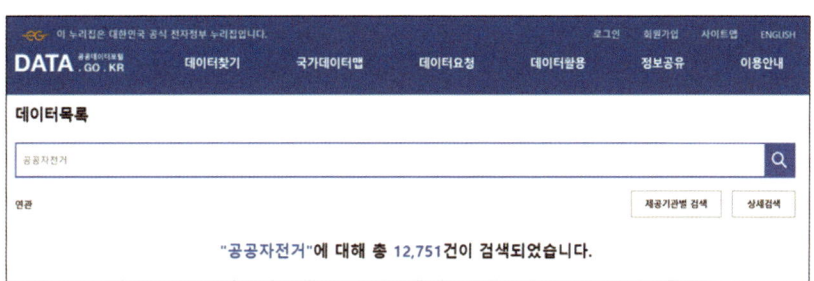

공공데이터포털에서 공공자전거를 검색하면 약 1만 2,000건의 결과를 확인할 수 있다

따릉이의 경우 서울시에서 운영하는 공공자전거이므로 '서울 열린데이터 광장'을 활용하면 된다. 서울시 공공자전거 이용 데이터를 월별, 시간대별 등으로 나누어 수집할 수 있다.

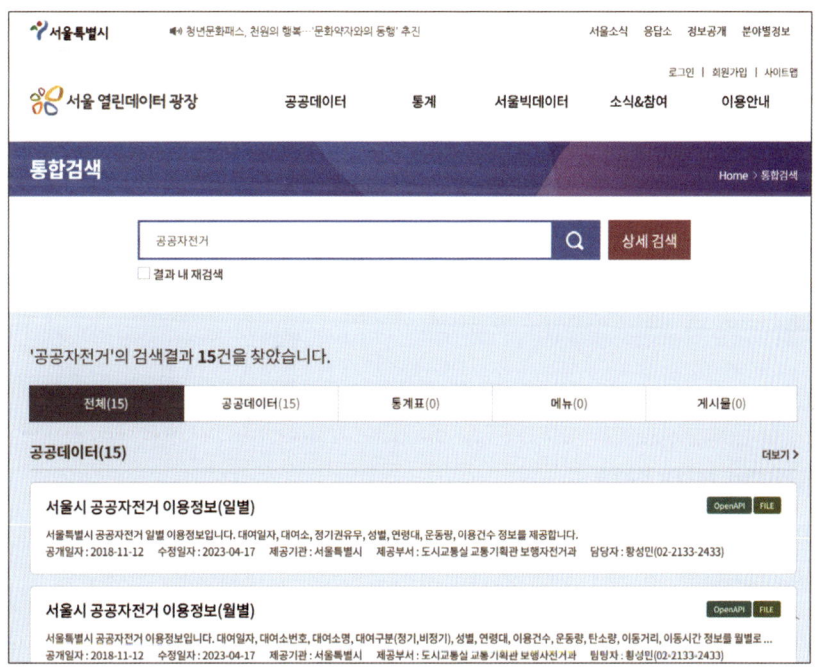

서울 열린데이터 광장에서 검색한 공공자전거 데이터

2. 날씨 데이터는 어디서 수집할 수 있을까

날씨에 대한 정보는 기상자료개방포털(https://data.kma.go.kr)에서 얻을 수 있다. 기상자료개방포털에서는 지상, 해양, 항공관측, 위성 등 다양한 종류의 날씨 데이터를 다운로드할 수 있는데, 우리나라의 100년 이상 기후 통계치를 가지고 있는 데다가 기온, 강수량, 장마, 황사일수, 폭염일수, 열대야일수 등 다양한 데이터를 가지고 있어서 공공자전거를 대여하기 시작한 기간 동안의 날씨 데이터를 수집하는 것이 가능하다.

3. 미세먼지 데이터는 어디서 수집할 수 있을까

미세먼지 정보는 에어코리아(https://www.airkorea.or.kr)에서 얻을 수 있다. 우리나라 대기질에 대한 데이터 공유는 국립환경과학원에서 2002년 한일월드컵의 성공적인 개최를 위해 우리나라 10개 시도 경기장 주변 16개 지점의 대기 정보를 제한적으로 공개한 것이 계기가 되었다. 환경공단에서 기존의 대기 측정 인프라를 이용해서 대기 정보를 실시간으로 공개하기 시작하면서 데이터를 활용할 수 있게 되었으며, 이 데이터들이 바로 에어코리아를 통해 제공되고 있다. 이 책에서는 에어코리아에서 수집할 수 있는 정보 중 미세먼지와 초미세먼지 데이터를 활용한다.

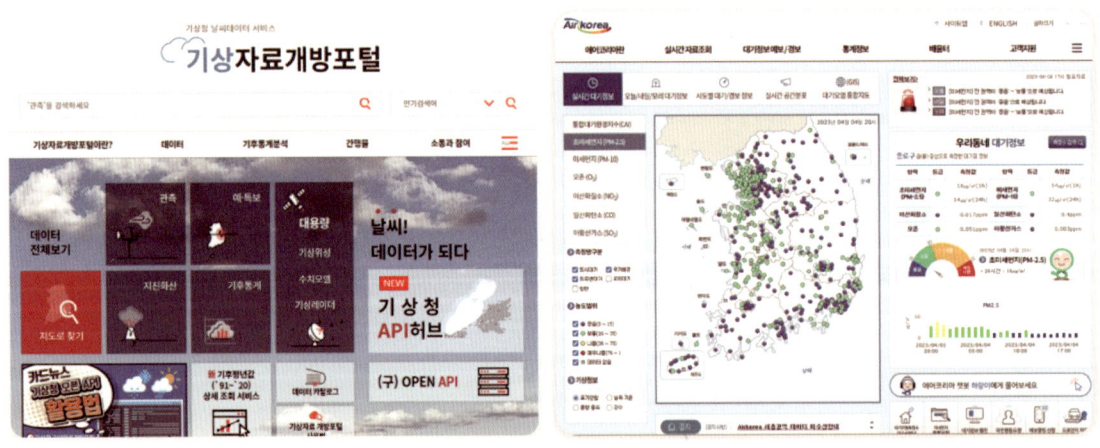

날씨 정보를 수집할 수 있는 기상자료개방포털

4. 인구 데이터는 필요할까

인구수가 공공자전거를 많이 타거나 적게 타는 것에 영향을 미치는지 생각해보자. 인구수가 많으면 타는 사람이 증가할 가능성이 높겠으나 인구가 적다고 해서 공공자전거를 안 타는 것은 아니다. 게다가 인구가 많다 하더라도 산을 끼고 있거나 도로 경사가 심한 지형이라면 자전거를 타기 어렵다. 따라서 인구는 공공자전거 수요를 예측하는 데 크게 고려할 사항은 아닐 수 있다.

5. 공공자전거 데이터를 살펴볼까

① 수집한 데이터를 살펴보기 위해서 AIDU ez에 접속한다. 크롬 브라우저를 실행시킨 후 주소창에 https://aice.study를 입력한다.

② AIDU ez에 접속을 했다면 로그인을 하고 '테이블 데이터 학습' 버튼을 누른 후 공공자전거 데이터를 불러온다.

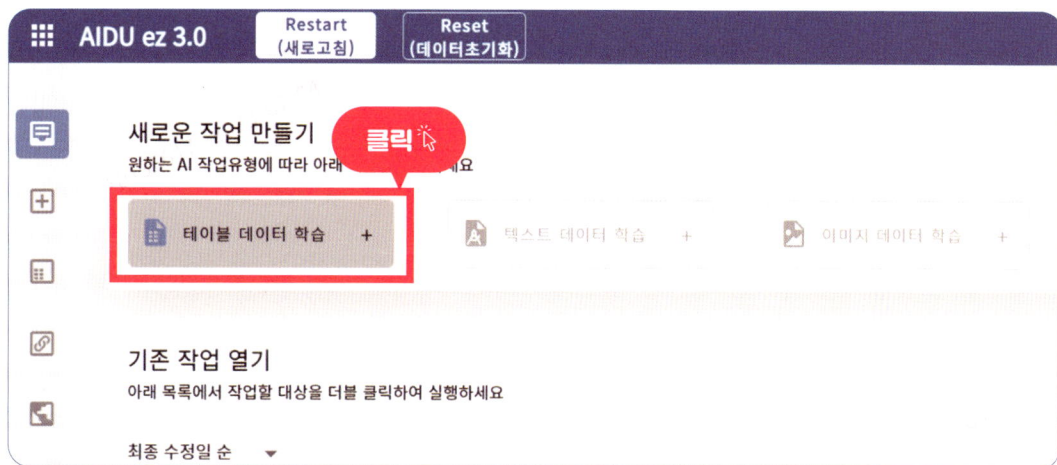

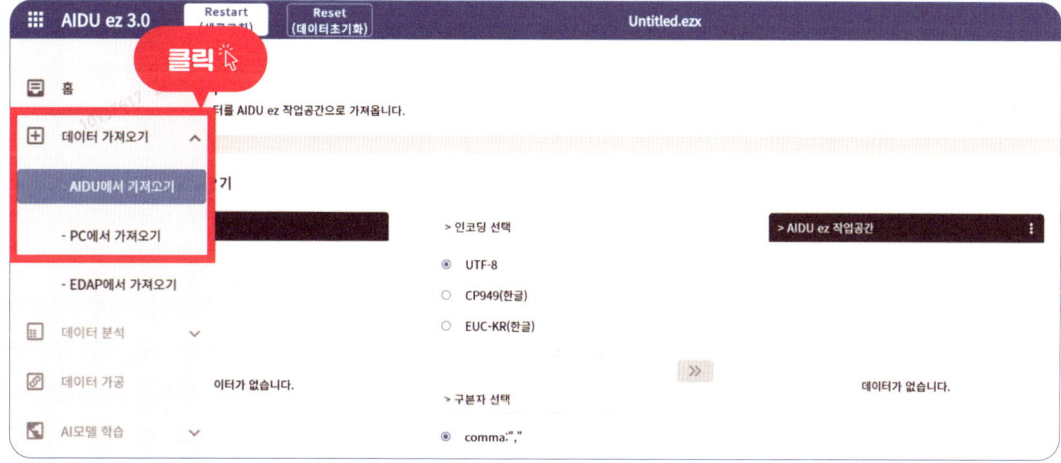

③ '데이터 분석' → '기초정보 분석' 메뉴를 통해 데이터의 속성을 살펴본다. 속성은 date~count까지 총 11개가 있는 것을 확인할 수 있다.

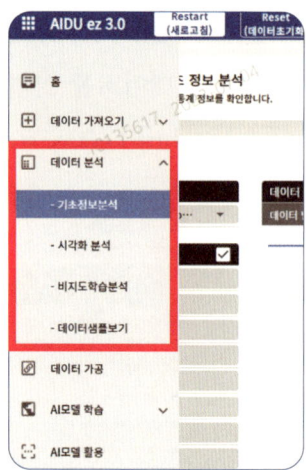

index	date	hour	PM10	PM2.5	ozone	temperature	precipitation	windspeed	humidity	visibility	count
0	2021-04-01	1	42	21	0.002	13.1	0	1.4	49	2000	46
1	2021-04-01	2	41	21	0.003	12.4	0	2.1	53	2000	40
2	2021-04-01	3	30	13	0.023	13.1	0	3.4	43	2000	31
3	2021-04-01	4	27	12	0.028	13	0	3.1	44	2000	12

속성명	한글 속성명	설명
date	조사날짜	공공자전거에 대해 조사한 날짜
hour	시간(조사시간)	조사시간, 0~23시까지 시간단위로 구분
PM10	미세먼지(미세먼지 농도)	미세먼지 농도(µg/m³)
PM2.5	초미세먼지(초미세먼지 농도)	초미세먼지 농도(µg/m³)
ozone	오존(오존 수치)	오존 농도(ppm)
temperature	온도	온도(℃)
precipitation	강수(강수 여부)	강수량(0: 강수량 없음, 1: 강수량 있음)
windspeed	풍속	풍속(m/s)
humidity	습도	습도(%)
visibility	가시거리	가시거리(m)
count	공공자전거 대여량(공공자전거 대수)	공공자전거 대여량

※ 한글 속성명은 영어의 속성명을 번역한 것이므로 다양하게 해석될 수 있다.

더 알아보기
미세먼지 농도와 초미세먼지 농도

미세먼지 PM10은 직경이 10㎛(마이크로미터) 이하인 먼지를 말하는데, 일반적으로 사람 머리카락 두께의 1/6~1/7 수준이다. 미세먼지 농도는 대기 중 미세먼지가 차지하는 무게를 말하며, 세제곱미터당 마이크로그램(㎍/㎥)으로 나타낸다.

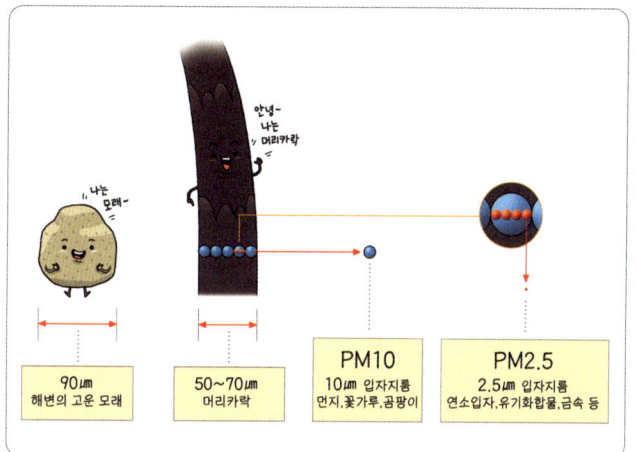

공기질의 단계는 아래와 같이 구분하며, 공기가 좋음 단계는 공기가 깨끗하며 건강에 나쁜 영향을 미치지 않는 단계, 보통 단계는 호흡기가 민감한 사람들이 미세먼지에 영향을 받을 수 있는 단계이다.

초미세먼지는 직경이 2.5㎛ 이하인 먼지로 사람 머리카락 두께의 1/20~1/30 수준이다.

미세먼지 농도	
좋음	50㎍/㎥ 이하
보통	51~100㎍/㎥
나쁨	101~150㎍/㎥
매우 나쁨	151~200㎍/㎥
위험	201~300㎍/㎥
긴급조치	300㎍/㎥ 이상

초미세먼지 농도	
좋음	0~15㎍/㎥
보통	16~35㎍/㎥
나쁨	36~75㎍/㎥
매우 나쁨	76㎍/㎥ 이상

더 알아보기
오존 농도

오존경보는 오존 농도에 따라 오존주의보, 오존경보, 오존중대경보 3단계로 발령되는데, 오존 농도가 짙으면 호흡 곤란이나 폐 기능이 저하되거나 인체나 농작물 수확량에 피해를 줄 수 있다.

주의보(0.12ppm 이상)	• 대중교통을 이용하고 실외 활동과 과격한 운동을 자제한다. • 노약자, 어린이, 호흡기환자, 심장질환자는 실외 활동을 자제한다. • 경보 지역 내 차량 운행을 자제한다(카풀제 시행).
경보(0.30ppm 이상)	• 대중교통을 이용하고 실외 활동과 과격한 운동을 자제해야 한다. • 유치원, 학교 등 실외 학습 제한을 권한다. • 경보 지역 내 자동차 사용을 자제한다.
중대경보(0.50ppm 이상)	• 유치원, 학교 등 실외 학습 중지 및 휴교를 권한다. • 노약자, 어린이, 호흡기환자, 심장질환자는 실외 활동을 중지한다. • 경보 지역 내 자동차 사용을 자제한다.

정형데이터

우리가 사용하는 공공자전거 데이터는 테이블에 정리된 데이터이다. 이처럼 형식과 규칙에 따라 정리된 데이터를 정형데이터라고 한다. 데이터 테이블에서 행은 데이터 포인트, 케이스, 관측치 등으로 부르고, 열은 속성, 칼럼※, 변수 등으로 부른다. 이 책에서는 행을 관측치, 열을 속성이라고 한다. 속성은 다시 값의 형태에 따라서 수치로 구성된 수치형 데이터와 범주를 나타내는 범주형 데이터로 구분한다.

수치형 데이터	• 수치값으로 구성된 데이터. • 예) 키, 몸무게, 성적 등
범주형 데이터	• 범주를 나타낸 데이터. • 예) 성별, 합격 여부, 사는 지역 등

※ Column은 외래어 표기법에 따라 본문에서는 '칼럼'으로 표기했다. '컬럼' 또한 한글 표기 방식이 다른 것일 뿐 같은 뜻이다.

데이터 분석하기

학습목표 공공자전거 데이터를 분석하여 데이터에 대한 기초정보를 파악할 수 있다.
학습내용 데이터 분석하기

▎공공자전거 수요 예측을 위해 데이터를 분석해볼까

수집한 공공자전거 데이터를 분석하여 기초정보를 파악하고, 어떤 속성이 공공자전거의 수요를 예측하는 데 필요한 속성인지 알아보자.

1. 기초정보를 분석해볼까

기초정보를 분석하기 위해서는 '데이터 분석' → '기초정보 분석' 메뉴를 선택하여 다음의 순서대로 실행한다. 여기서는 속성이 칼럼이라는 이름으로 불린다.

① 전체 속성을 선택한다.
② 분석할 데이터 범위를 오른쪽 끝까지 드래그하여 전체 데이터로 설정한다.
③ '조회하기' 버튼을 누른다.

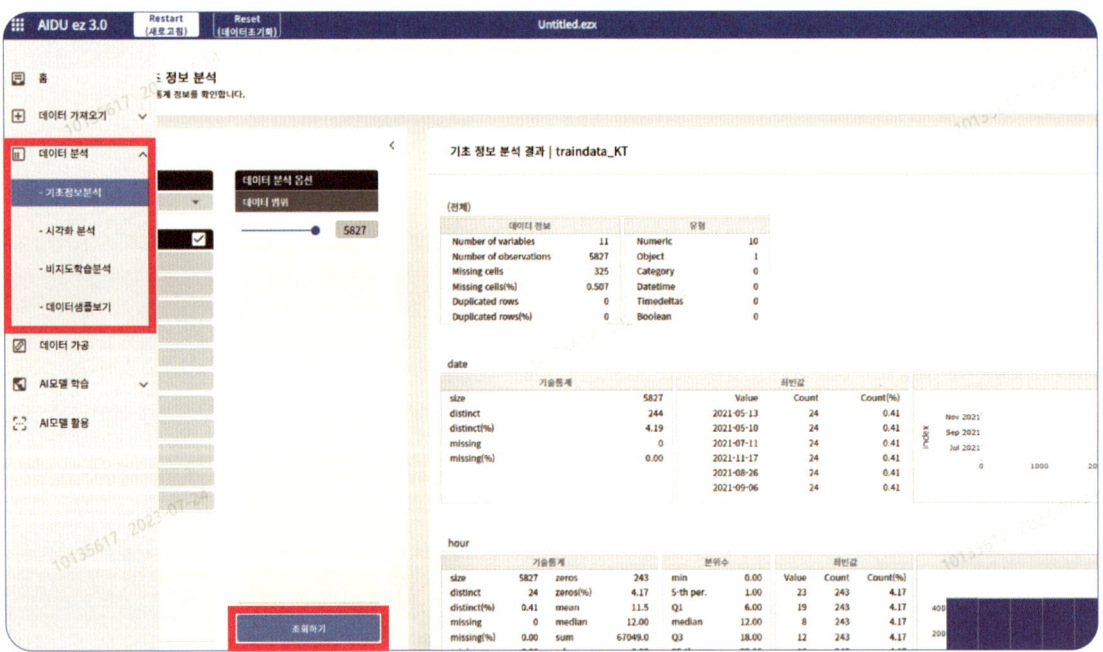

Q4-1 기초정보 분석 결과를 토대로 다음의 내용을 정리해보자.

① 공공자전거 데이터는 몇 개의 속성으로 구성되어 있을까?

> **TIP** 기초정보 분석 결과 – 데이터 정보의 '변수의 개수(Number of variables)'를 확인해보자.

② 공공자전거 데이터는 몇 개의 관측치로 구성되어 있을까?

> **TIP** 기초정보 분석 결과 – 데이터 정보의 '관측치의 개수(Number of observations)'를 확인해보자.

③ 공공자전거 데이터를 구성하는 데이터 유형은 무엇일까?

> **TIP** 기초정보 분석 결과 – '유형'에서 확인해보자.

④ 공공자전거 데이터는 몇 개의 결측값(missing cells)을 갖고 있을까?

> **TIP** 기초정보 분석 결과 – 데이터 정보의 'Missing cells, Missing cells(%)'를 확인해보자.

⑤ 조사날짜(date) 속성에 대해 알 수 있는 정보를 적어보자.

> **TIP** 조사날짜 속성에 대한 기술통계, 최빈값을 확인해보자.
> **TIP** distinct: 고윳값, 최빈값: 가장 많이 등장하는 값.

⑥ 조사시간(hour) 속성에 대해 알 수 있는 정보를 적어보자.

⑦ 미세먼지 농도(PM10) 속성에 대해 알 수 있는 정보를 적어보자.

⑧ 초미세먼지 농도(PM2.5) 속성에 대해 알 수 있는 정보를 적어보자.

⑨ 오존 수치(ozone) 속성에 대해 알 수 있는 정보를 적어보자.

⑩ 온도(temperature) 속성에 대해 알 수 있는 정보를 적어보자.

⑪ 강수(precipitation) 속성에 대해 알 수 있는 정보를 적어보자.

⑫ 풍속(wind speed) 속성에 대해 알 수 있는 정보를 적어보자.

⑬ 습도(humidity) 속성에 대해 알 수 있는 정보를 적어보자.

⑭ 가시거리(visibility) 속성에 대해 알 수 있는 정보를 적어보자.

⑮ 공공자전거 대여량(count) 속성에 대해 알 수 있는 정보를 적어보자.

더 알아보기
AIDU ez에서 사용하는 통계 용어

① distinct(고윳값)
- 속성에서 중복되는 값을 1개만 유일하게 남긴 값.

예) 학생 10명의 키가 다음과 같을 때, 고윳값은 168, 170, 178, 180, 198.

| 168 | 168 | 170 | 170 | 170 | 178 | 178 | 180 | 180 | 198 |

② missing cells(결측값)
- 값이 없는 셀.
- 아래 테이블에서 결측값은 총 8개.

A	B	C	D	E	F	G	H	I	J	K
date	hour	PM10	PM2.5	ozone	temperatu	precipitatio	windspeed	humidity	visibility	count
2021-04-12	10	38	24	0.036	16.1	0	2	46	2000	93
2021-04-12	11				16.9	0	2.8	41	2000	117
2021-04-12	12				17.6	0	3.9	39	2000	73
2021-04-12	13			0.038	16.6	0	3.8	48	1974	10
2021-04-12	14	24	20	0.036	14.3	1	4.8	58	1380	6
2021-04-12	15	24	15	0.034	12.9	1	3.6	79	622	10

③ minimum/min(최솟값)
- 데이터 중 가장 작은 값.

예) 학생 10명의 키가 다음과 같을 때, 최솟값은 168.

| 168 | 168 | 170 | 170 | 170 | 178 | 178 | 180 | 180 | 198 |

④ maximum/max(최댓값)
- 데이터 중 가장 큰 값.

예) 학생 10명의 키가 다음과 같을 때, 최댓값은 198.

| 168 | 168 | 170 | 170 | 170 | 178 | 178 | 180 | 180 | 198 |

⑤ zeros(0값)
- 0으로 저장되어 있는 데이터 셀의 개수.

⑥ mean(평균)
- 전체 데이터의 합을 데이터 개수로 나눈 값.

예) 학생 10명의 키가 다음과 같을 때, 평균은 10명 키의 합 / 10명 = 176.

| 168 | 168 | 170 | 170 | 170 | 178 | 178 | 180 | 180 | 198 |

⑦ median(중앙값, Q2)
- 전체 데이터를 순서대로 나열했을 때 중앙에 위치한 값.
- 데이터 개수가 짝수일 때, 가운데 2개 수의 평균.
- 데이터 개수가 홀수일 때, 가운데 값.

예) 학생 10명의 키가 다음과 같을 때, 중앙값은 (170+178)/2=174.

| 168 | 168 | 170 | 170 | 170 | 178 | 178 | 180 | 180 | 198 |

⑧ sum(합계)
- 전체 데이터의 합.

⑨ skewness(왜도)
- 데이터 분포의 좌우 비대칭 정도를 나타내는 값.
- 좌우 대칭을 이룰수록 값이 0에 가깝고, 한쪽으로 심하게 몰리면 값이 증가.

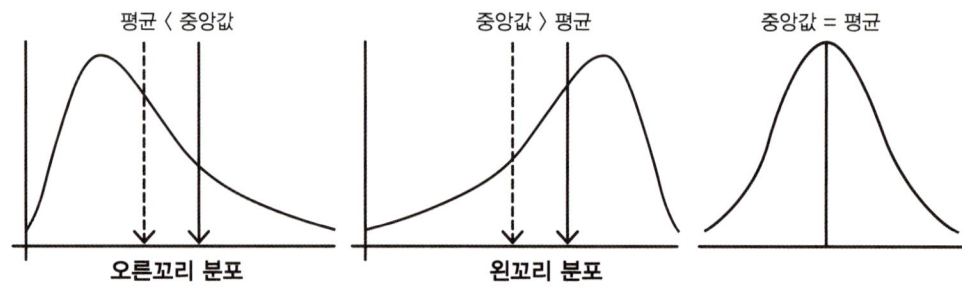

⑩ sd(표준편차)
- 관측치가 얼마나 흩어져 있는지를 나타낸 값.

$$표준편차 = \frac{\sqrt{(측정값 - 평균)^2 + \cdots + (측정값 - 평균)^2}}{데이터 개수}$$

예) 학생 10명의 키가 다음과 같을 때, 표준편차는 $\frac{\sqrt{(170-176)^2 + \cdots + (198-176)^2}}{10}$

| 168 | 168 | 170 | 170 | 170 | 178 | 178 | 180 | 180 | 198 |

⑪ 5-th per.(5% 분위수)
- 데이터 값의 분포에서 하위 5% 범위의 데이터.

⑫ 95-th per.(상위 5% 또는 하위 95% 백분위)
- 데이터 값의 분포에서 하위 95% 범위(상위 5%)의 데이터.

⑬ 사분위수
- Q1: 데이터 분포에서 25%에 위치하는 데이터.
- Q2: 중앙값. 데이터의 50%에 위치하는 데이터.
- Q3: 데이터 분포에서 75%에 위치하는 데이터.

  예) 학생 10명의 키가 다음과 같을 때, 사분위수 구하기.

168	168	170	170	170	178	178	180	180	198
		Q1		50%(Q2)		Q3			

⑭ mode(최빈값)
- 가장 많이 등장하는 값.

2. 시각화 분석을 해볼까

기초정보를 시각화하기 위해서는 '데이터 분석' → '시각화 분석' 메뉴를 선택하여 다음의 순서대로 실행하고, 차트를 통해 알 수 있는 정보를 찾는다.

① '시각화 선택' 항목에서 시각화할 형태를 선택한다.

② 시각화에 포함시킬 속성을 선택한다.

③ 차트에서 색깔로 구분할 속성을 선택한다.

④ 분석할 '데이터 범위'를 오른쪽 끝까지 드래그하여 전체 데이터로 설정한다.

⑤ '조회하기' 버튼을 누른다.

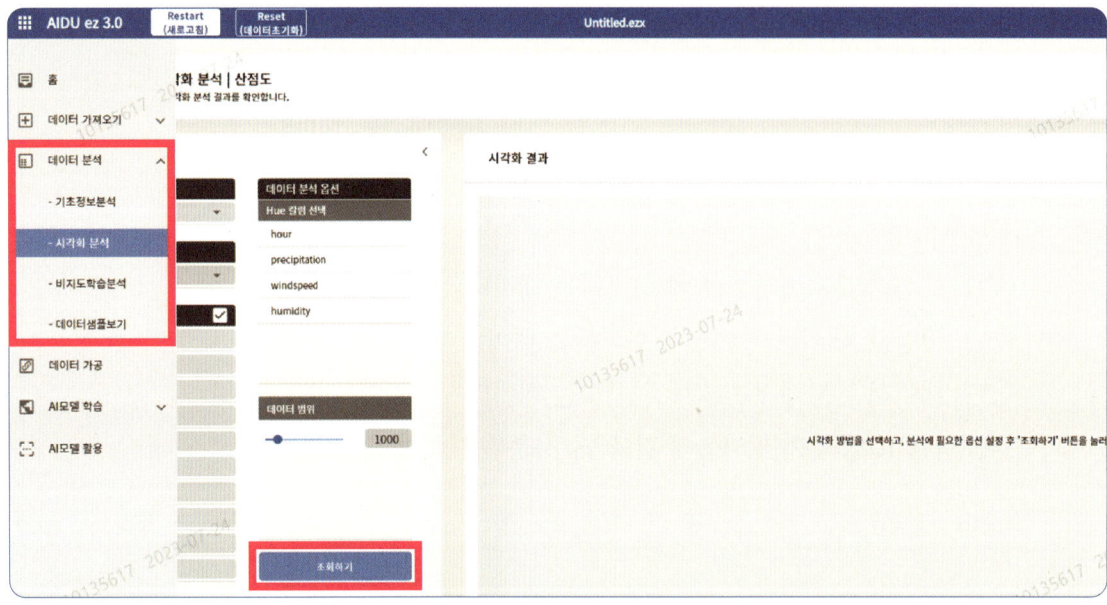

더 알아보기

시각화의 목적

데이터를 차트로 시각화하면 데이터의 분포를 좀 더 명확하게 파악할 수 있고, 데이터가 갖는 경향성을 살펴보는 과정에서 숨은 정보를 도출할 수 있다. AIDU ez에서는 산점도, 히트맵, 박스차트, 분포차트, 워드 클라우드를 생성할 수 있다.

Q4-2 시각화 분석 결과를 토대로 다음의 내용을 정리해보자.

① 산점도를 통해 속성들의 분포와 경향성을 알아보자.

[산점도 메뉴]
① '시각화 선택'에서 '산점도' 선택
② 칼럼 선택에서 '전체 속성' 선택
③ '휴(Hue) 칼럼 선택' 메뉴에서 'precipitation(강수)' 선택
④ '데이터 범위': 전체 (우측 끝까지 드래그)

산점도

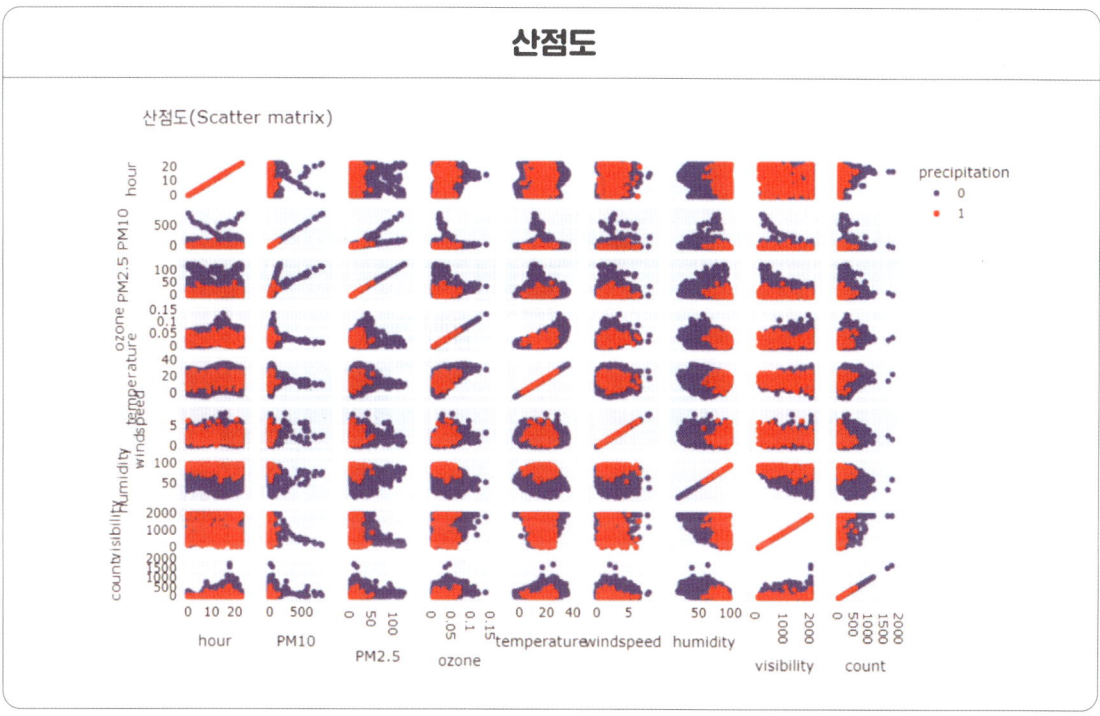

알 수 있는 정보

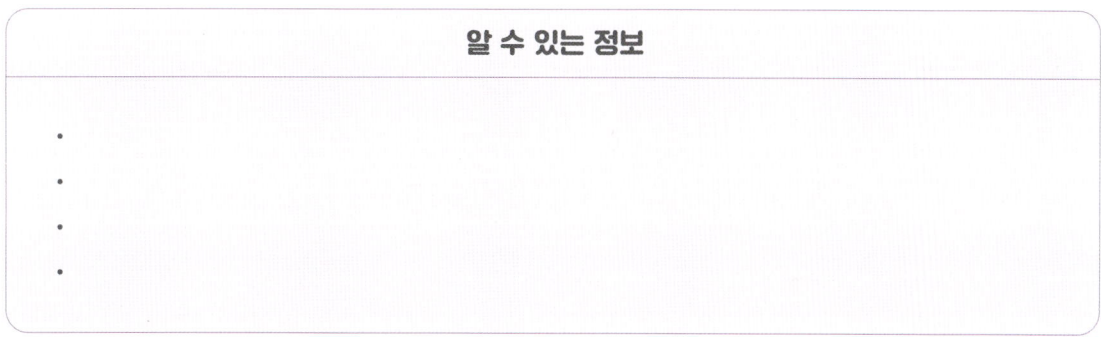

② 히트맵을 통해 속성 간의 상관관계가 얼마나 깊은지 알아보자.

[히트맵 메뉴]
① '시각화 선택'에서 '히트맵' 선택
② 칼럼 선택에서 '전체 속성' 선택
③ '데이터 범위': 전체 (우측 끝까지 드래그)

히트맵

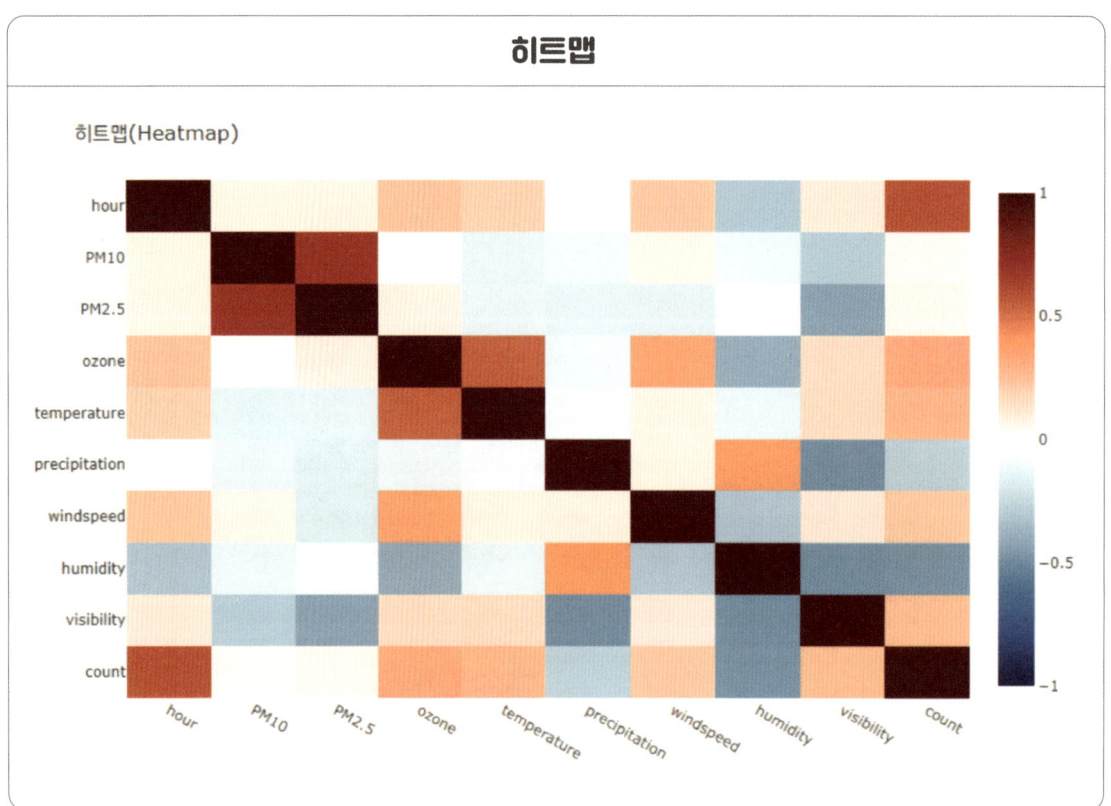

알 수 있는 정보

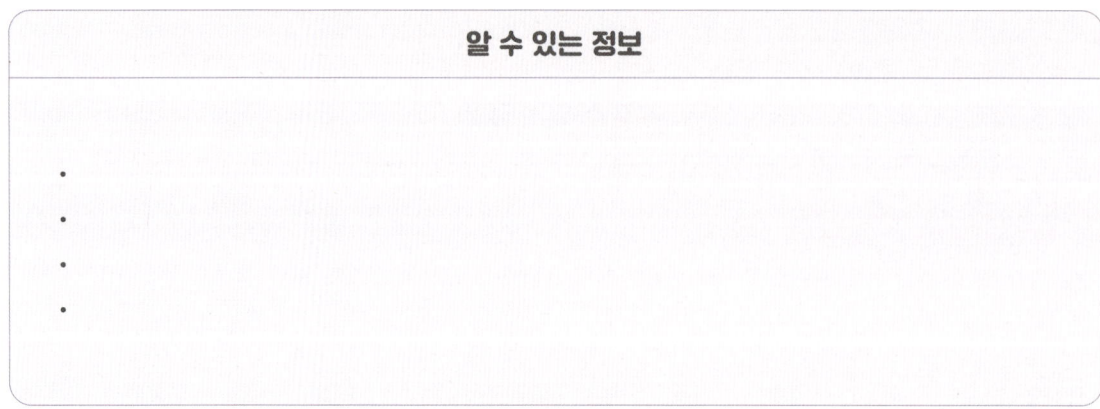

-
-
-
-

③ 박스차트를 통해 속성들의 분포와 이상치를 알아보자.

[박스차트 메뉴]
① '시각화 선택'에서 '박스차트' 선택
② X 칼럼 선택에서 'precipitation(강수)' 선택
③ Y 칼럼 선택에서 'count(공공자전거 대여량)' 선택
④ 'Hue 칼럼 선택'에서 'precipitation(강수)' 선택
⑤ '데이터 범위': 전체 (우측 끝까지 드래그)

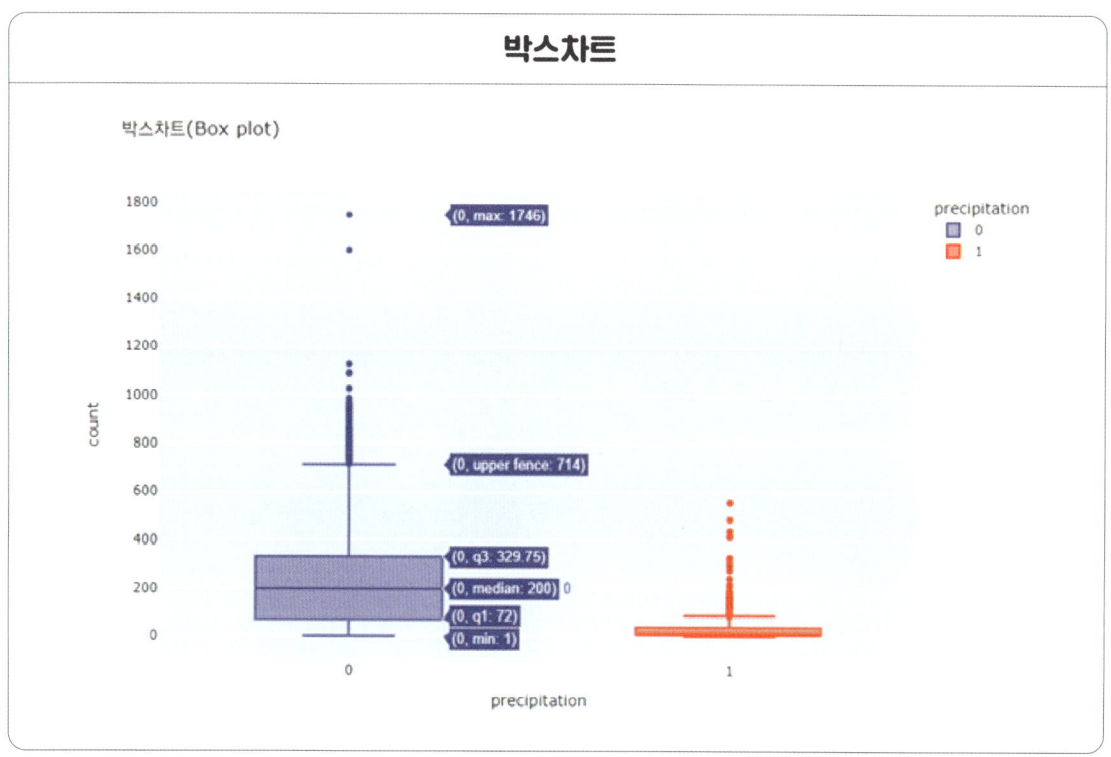

박스차트

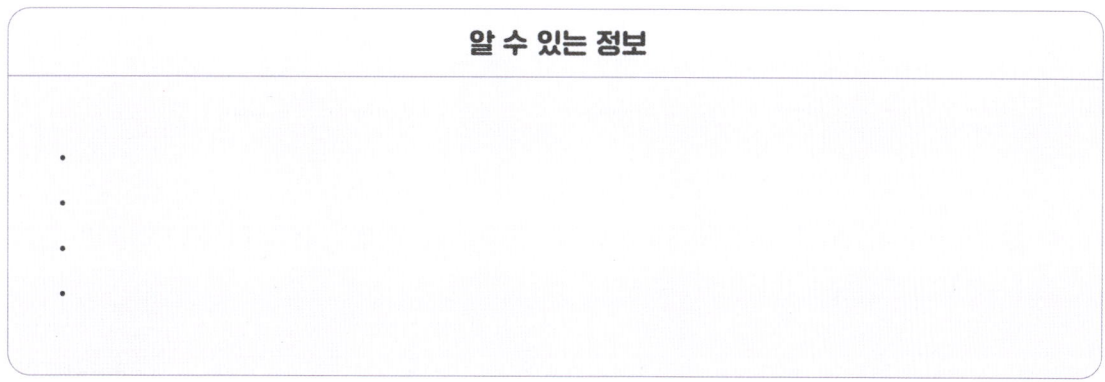

알 수 있는 정보

더 알아보기
시각화 차트

① 산점도(Scatter matrix)
- 두 속성 간의 관계, 데이터 분포, 경향성을 파악할 수 있는 그래프.

예) 아래의 산점도에서 보는 것과 같이 비 오는 날(붉은색 데이터, 범례에서 1에 해당)은 비가 오지 않은 날에 비해 대여량이 적다. 초미세먼지 농도와 공공자전거 대여량 간의 관계를 나타내는 산점도를 살펴보면 초미세먼지 농도가 높아지면 대여량이 감소하는 것을 확인할 수 있다. 또한 비 오는 날은 비에 미세먼지가 씻겨 내려가 초미세먼지 농도가 낮아지므로 붉은색 데이터(비 온 날 데이터)가 왼쪽 부분에 집중된다.

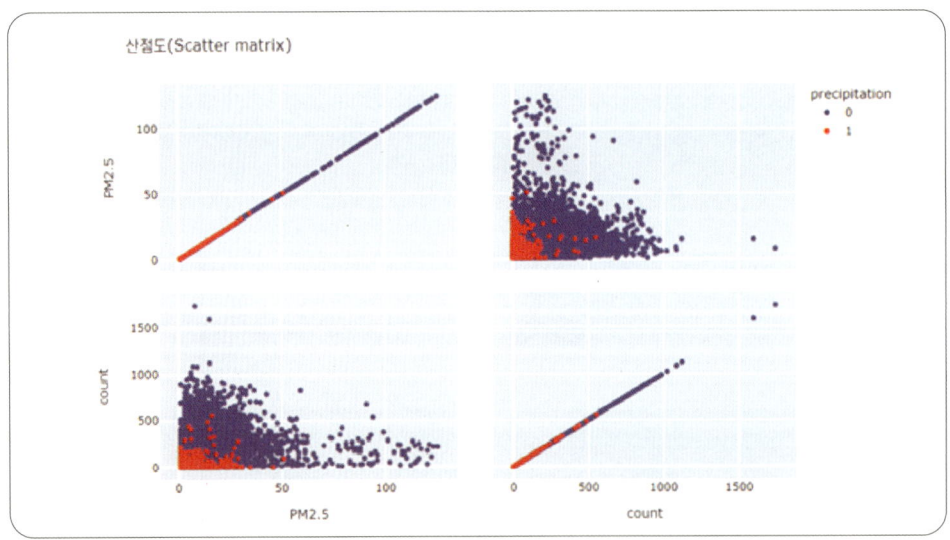

② 히트맵(Heatmap)
- 열을 의미하는 heat와 지도를 의미하는 map이 결합된 단어.
- 두 속성의 관계를 작은 사각형으로 표현하고, 상관관계의 정도를 색과 색의 농도로 표현(상관계수를 확인할 수 있음).

예) 습도와 공공자전거 대여량 간의 상관관계를 살펴보면 z = -0.478정도인 것을 볼 때, - 값이므로 음의 상관관계가 있고, 절댓값이 0~1 사이의 중간값이므로 습도와 공공자전거 대여량에는 보통 수준에서 음의 상관관계가 있다. 이는 습도가 높아질수록 공공자전거 대여량은 감소하는 보통의 상관관계가 있다고 해석할 수 있다.

* z값: 상관계수(직선의 상관관계 정도를 -1.0~1.0 사이의 실수로 표현).
* 절댓값 0~0.2: 상관관계 없음, 0.2~0.4: 약한 상관관계, 0.4~0.6: 보통 상관관계, 0.6~0.8: 높은 상관관계, 0.8~1.0: 강한 상관관계.

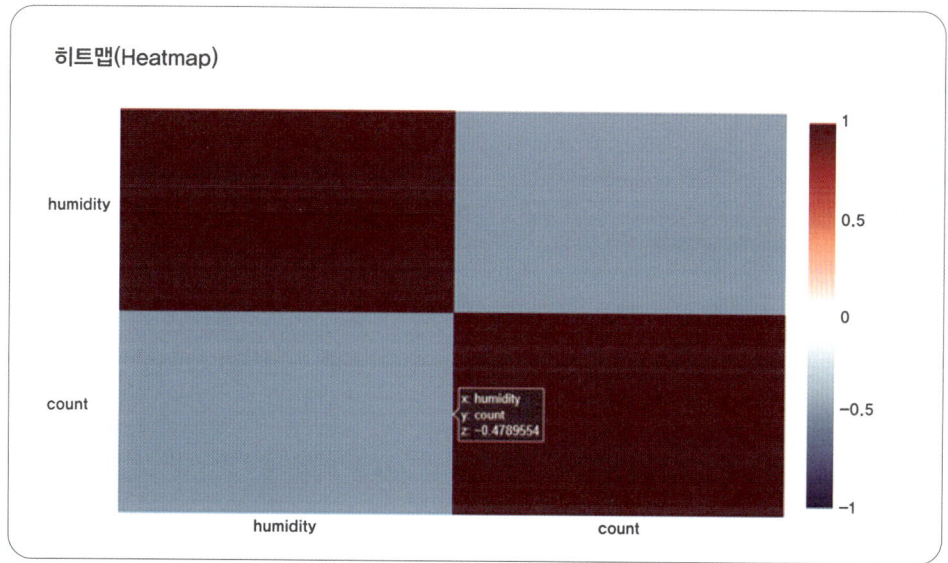

③ 박스차트(Box plot)
- 데이터 분포를 한눈에 살펴보고 이상치(Outlier)를 파악할 수 있음.
- 박스와 위 아래 선이 촛대와 비슷하게 생겼다고 해서 캔들 차트, 상자와 수염이나 있다고 해서 수염상자, 상자그림 등으로도 부름.

- 상위경계(Upper fence), 하위경계(Lower fence) Q1, Q3, 중앙값(Median, Q2)으로 확인.
- 중앙값을 기준으로 데이터의 50%가 상위, 나머지 50%가 하위에 분포되어 있음.
- 상자는 중앙값을 기준으로 위로 25%, 아래로 25% 범위, 상자는 중앙 50%의 데이터를 의미함.
- 상자의 양 끝의 선은 수염이라고도 부름. 수염의 양 끝 부분을 상계값(최댓값), 하계값(최솟값)이라고 나타내는데 그 바깥의 점을 이상치로 간주하며, 가장 바깥의 데이터는 극단점.

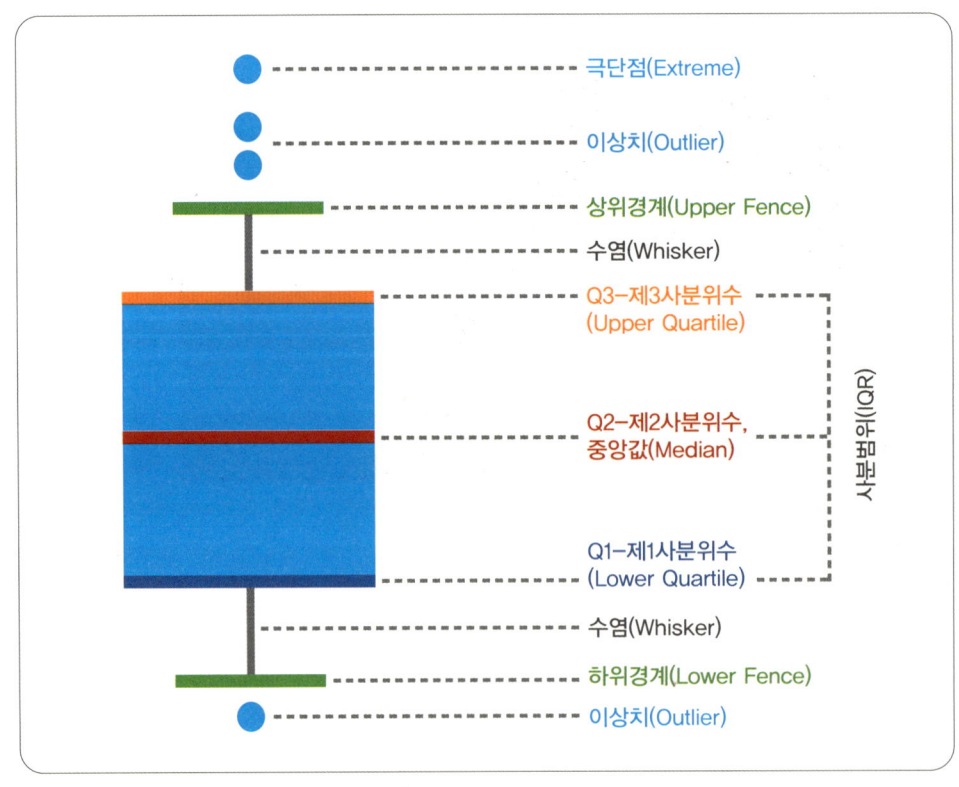

Q4-3 공공자전거 대여량(count)이 가장 많은 조사시간(hour)은 언제일까?

> 💡 **TIP** 산점도와 박스차트를 이용해보자.

Q4-4 공공자전거 대여량(count)과 가장 높은 양의 상관관계를 갖는 속성은 무엇일까?

> 💡 **TIP** 히트맵을 이용해보자.

Q4-5 공공자전거 대여량(count)의 조사시간(hour) 분포에서 이상치가 가장 적을 것으로 예상되는 시간은 언제일까?

> 💡 **TIP** 박스차트를 이용해보자.

CHAPTER 05

데이터 가공하기

학습목표 공공자전거 데이터의 결측값 및 이상치 처리, 스케일링 등 여러 가지 데이터 가공의 필요성과 방법을 파악하고 적용할 수 있다.

학습내용 데이터 가공하기
제시된 문제에 맞게 AIDU ez에서 데이터 가공하는 절차 알아보기

공공자전거 수요 예측을 위해 데이터를 가공해볼까

1. 문제 상황 및 기초 개념을 알아볼까

이번 장에서는 다음과 같은 문제를 해결하는 데 필요한 개념과 절차를 자세히 알아보고자 한다.

> **문제** 다음과 같이 결측값을 처리하시오.
>
> PM10, PM2.5, ozone의 결측값을 평균(mean)으로 처리하시오.

TIP 공공자전거 수요 예측은 11개의 칼럼이 있다. 문제에서 제시한 바와 같이 이 중 데이터 가공을 실행할 칼럼은 PM10, PM2.5, ozone, 이렇게 3개이다.

속성명	한글 속성명	데이터 가공
date	조사 날짜	
hour	시간(조사시간)	
PM10	미세먼지(미세먼지 농도)	결측값 처리(mean)
PM2.5	초미세먼지(초미세먼지 농도)	결측값 처리(mean)
ozone	오존(오존 수치)	결측값 처리(mean)
temperature	온도	
precipitation	강수(강수 여부)	
wind speed	풍속	
humidity	습도	
visibility	가시거리	
count	공공자전거 대여량(공공자전거 대수)	

데이터에서 사용되는 용어는 다양하므로 인공지능을 처음 학습할 때 어려운 점이 있다. 다음의 간단한 데이터 예제를 살펴보자. 공공자전거 대여량을 예측하는 문제이므로 예측하고 싶은 공공자전거 대여량을 종속변수, 나머지를 독립변수로 설정할 것이다. 종속변수는 출력, 클래스, 타겟, 레이블로도 불린다. 독립변수는 입력, 특성이라는 용어로도 사용된다. 변수, 속성, 열(칼럼)은 독립변수와 종속변수를 포함한 용어이다. 이 용어들이 같은 의미라는 것을 먼저 이해하고 숙지하는 것이 필요하다. 특히 AIDU ez에서는 '칼럼', '속성', '변수'라는 용어가 동일한 의미로 자주 사용되고 있다.

입력(input) = 특성(feature)

독립변수

시간	미세먼지	공공자전거 대여량 (공공자전거 대수)
15	33	251
16	44	228
17	50	355

종속변수

출력(output) = 클래스(class) = 타겟(target) = 레이블(label)

Q5-1 용어 정리하기를 토대로 다음 내용을 정리해보자.

① 종속변수와 같은 의미의 용어를 작성해보자.

② 독립변수와 같은 의미의 용어를 작성해보자.

2. 데이터 가공은 어떻게 진행될까

데이터 가공 방법에는 여러 가지가 있지만, 여기서는 결측값 처리, 범위(Scale) 조정, 이렇게 2가지 방법에 대해 학습해보자. AIDU ez에서 데이터 가공의 순서는 칼럼을 선택하여 결측값 여부를 확인하고, 결측값을 처리하고, 범위(Scale)를 조정하며, 필요 없는 칼럼을 삭제하는 순서이다.

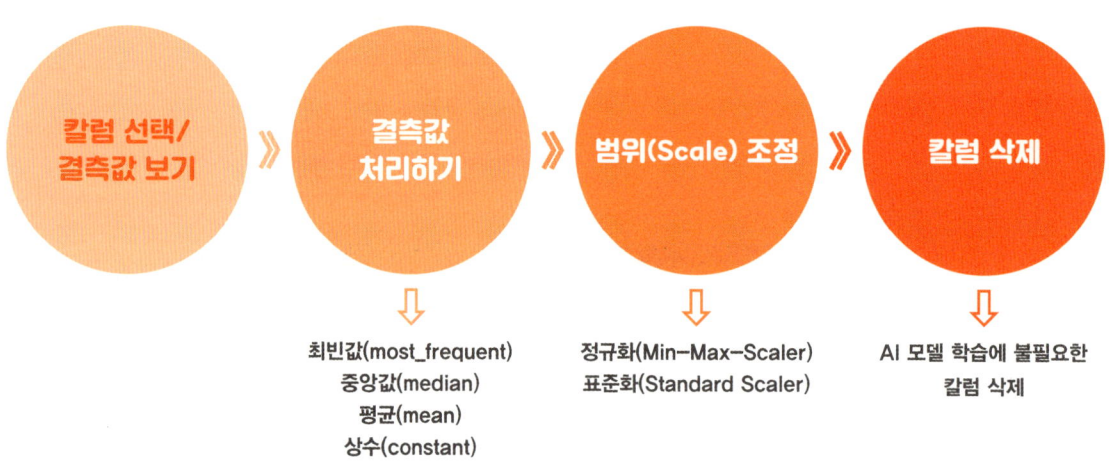

1) 칼럼 선택 및 결측값 보기는 어떻게 할까

결측값이란 비어 있는 값을 의미한다. 결측값은 설문조사에서 응답자가 질문에 대답을 하지 않았거나 데이터가 기록되지 않은 경우 nan(not a number)이라고 표시한다. 다음의 데이터의 traindata_KT.csv 파일을 살펴보면 아래와 같이 비어 있는 부분, 즉 결측값이 보인다.

2021-04-23	11				20.5	0	4.4	42	2000	261
2021-04-23	12		결측값		20.6	0	4.4	32	2000	258
2021-04-23	13				20.6	0	4	33	2000	236

결측값이 있는 데이터

Q5-2 결측값을 처리하지 않은 데이터를 이용하면 어떤 문제점이 있는지 설명해보자.

만약 칼럼을 선택해서 결측값이 없다면 다음과 같이 '선택한 칼럼에는 결측값이 없습니다'라는 안내 문구가 표시된다.

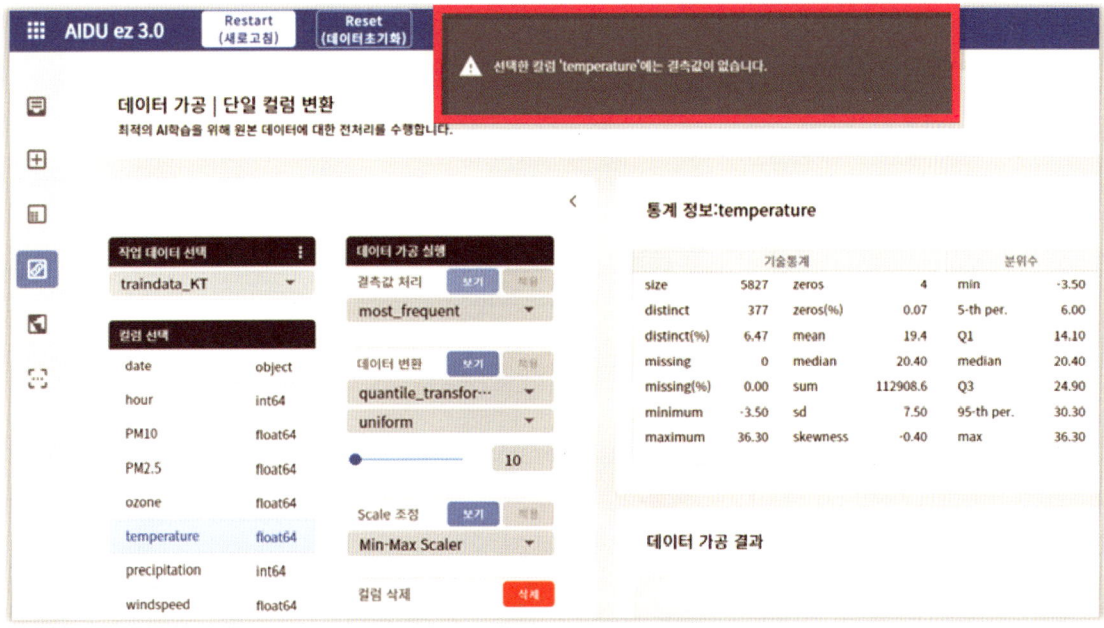

결측값이 없는 칼럼을 선택했을 때 안내 문구

2) 결측값은 어떻게 처리할까

(1) 결측값 처리 방법

결측값을 처리하는 대표적인 방법으로는 최빈값, 중앙값, 평균값, 상수가 있고, 데이터의 특성과 분석의 목적에 따라 방법이 달라질 수 있다.

Q5-3 다음과 같이 {1,2,2,2,3,4,4,5,7}의 데이터가 있을 때 최빈값, 중앙값, 평균을 구해보자.

구분	설명
최빈값 (Most frequent)	가장 높은 빈도를 가진 값. 강수(precipitation)와 같이 이산형/범주형 데이터에 주로 사용. (비가 오지 않으면 0, 비가 오면 1) 예) {0,0,1,1,0}에서 최빈값은 0
중앙값 (median)	데이터를 순서대로 정렬했을 때 가운데 위치하는 값. 이상치에 영향을 받지 않음. 예) 홀수인 경우 {1,2,3,4,5}에서 중앙값은 3 예) 짝수인 경우 {1,2,3,4}에서 중앙값은 2.5
평균 (mean)	데이터의 모든 값을 더한 후 개수로 나눈 값. 평균값이므로 이상치에 민감함. 예) {1,2,3,4,5}에서 평균은 (1+2+3+4+5)/5 = 3
상수 (constant)	수동으로 동일한 값을 넣을 수 있음.

AIDU ez에서 제공되는 결측값 처리 방법과 설명

상수는 값을 알고 있는 경우에 수동으로 값을 넣을 수 있다. 'constant'를 선택을 하고 값을 직접 입력한다.

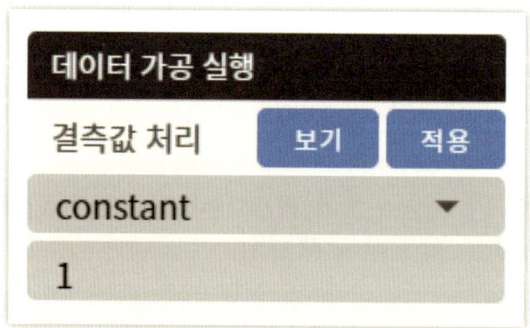

결측값을 상수값 1로 처리하는 방법

(2) AIDU ez를 이용한 결측값 처리 방법

① 칼럼 선택: PM10 칼럼을 선택한다.

② 'mean' 선택: 데이터 가공 실행에서 mean(평균)을 선택한다.

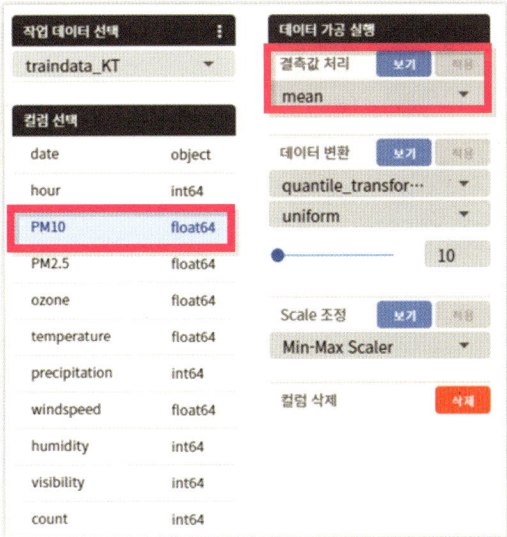

PM10의 결측값을 평균값(mean)으로 처리

③ 보기 버튼 클릭: '보기' 버튼을 클릭하면 데이터 가공 화면에 다음과 같이 nan이라고 표시된다. before_value는 nan이지만 after_value는 평균값 31.97로 변환되는 것을 확인할 수 있다.

PM10 속성의 결측값을 평균값(mean)으로 처리한 결과

④ '적용' 버튼 클릭: 이제 'mean'이 선택된 것을 다시 한번 확인하고 '적용' 버튼을 누른다. 그러면 PM10_IM의 새로운 칼럼이 생성된다.

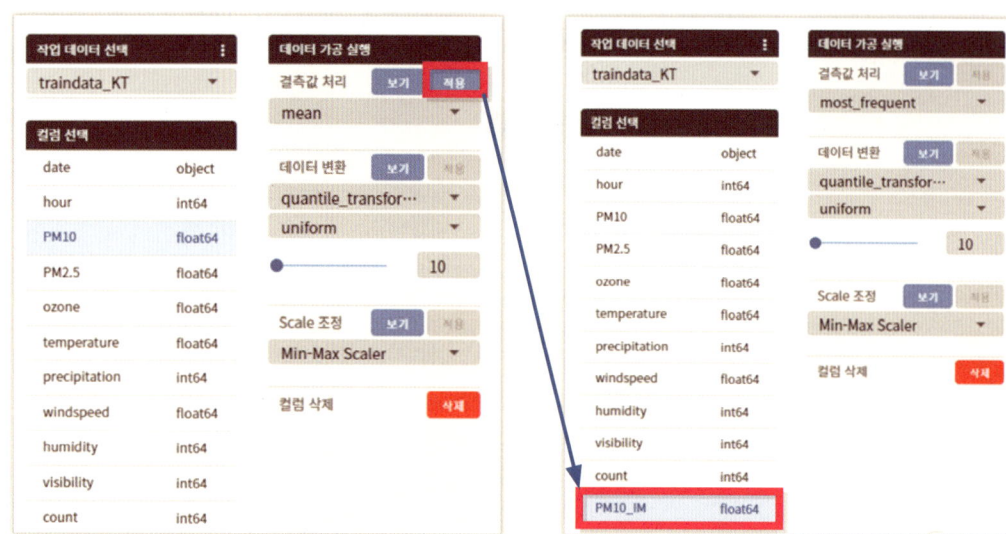

PM10의 결측값 처리 후 생성된 속성 PM10_IM

⑤ 반복 작업: ①, ②, ③, ④의 순서로 칼럼 PM2.5, ozone도 처리한다. PM_2.5_IM, ozone_IM 칼럼이 새로 생성된 것을 확인할 수 있다. ozone_IM 칼럼을 선택 후 결측값 처리의 '보기'를 클릭하면 '선택한 칼럼 ozone_IM에는 결측값이 없습니다'라고 표시된다. 이제 결측값 처리는 완료되었다.

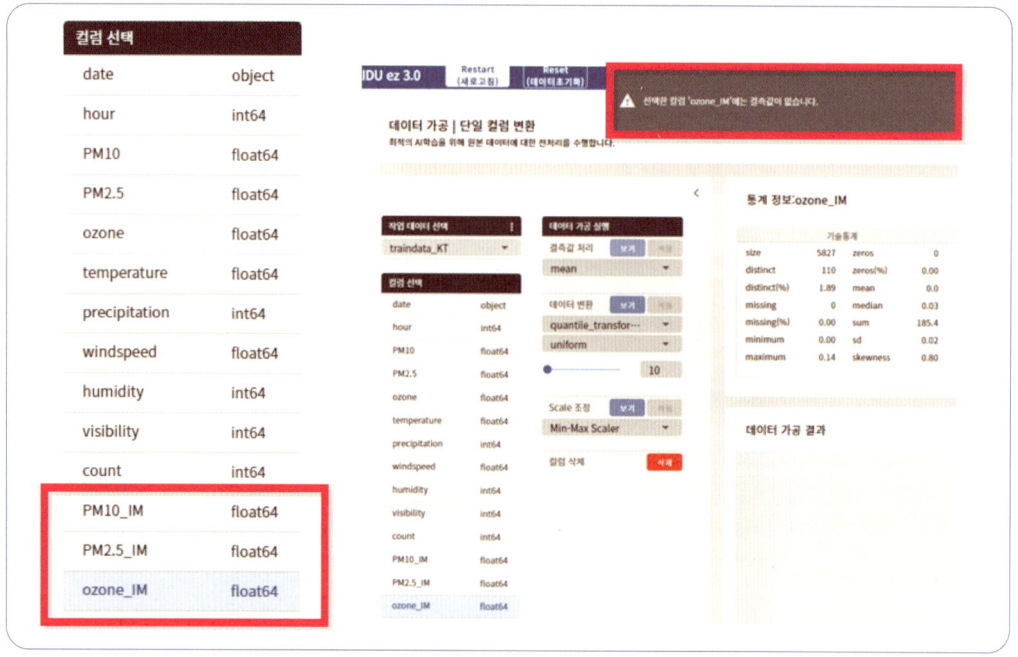

PM10, PM2.5, ozone 속성의 결측값 처리 후 생성된 속성들

3) 범위(scale) 조정의 종류와 방법을 알아볼까

범위(Scale)란 데이터 값의 범위를 말한다. 예를 들어, 키의 최솟값이 130cm, 최댓값이 190cm 이라면 130~190 사이의 범위를 가지고 있는 것이다. 범위 조정을 하지 않으면 인공지능의 성능이 좋지 못한 결과를 얻을 수 있으므로 해주는 것이 좋다.

(1) 범위 조정이 필요한 상황

범위 조정이 필요한 2가지 상황을 간단히 살펴보자. 단위를 맞춰야 하는 경우와 점수 분포 범위가 다른 경우의 예시이다. 컴퓨터는 단위를 해석하지 못하고 수치만 비교하므로 100g을 15kg보다 크다고 인식하기 때문에 범위(Scale) 조정이 필요하다.

만점이 100점인 기말고사 영어시험에서 95점을 받은 학생은 990점이 만점인 토익 시험에서 150점을 받은 학생보다 점수가 낮다고 판단하게 되므로 범위(Scale) 조정이 필요하다.

단위를 맞춰야 하는 경우	점수 분포 범위(만점)가 다른 경우
A 물건은 100g, B 물건은 15kg이야. 100이 15보다 크니까 A 물건이 더 무거운 물건이야.	A는 기말고사 영어시험 점수가 95점인데, B는 토익시험에서 150점을 맞았으니까 B가 더 영어를 잘해.

범위 조정이 필요한 상황

Q5-4 위에 제시된 표를 보고 범위 조정이 필요한 2가지 상황을 설명해보자.

(2) 범위가 다른 칼럼은 어떻게 해야 할까

아래 2개의 칼럼을 보면 가시거리는 60부터 2,000까지의 범위를 가지고 있고 오존은 0부터 0.14의 범위를 가지고 있다. 두 칼럼은 범위가 매우 다른 것을 확인할 수 있다. AI 모델은 숫자에 민감하게 반응할 수 있어서 이 범위를 조절해주는 것이 필요하다.

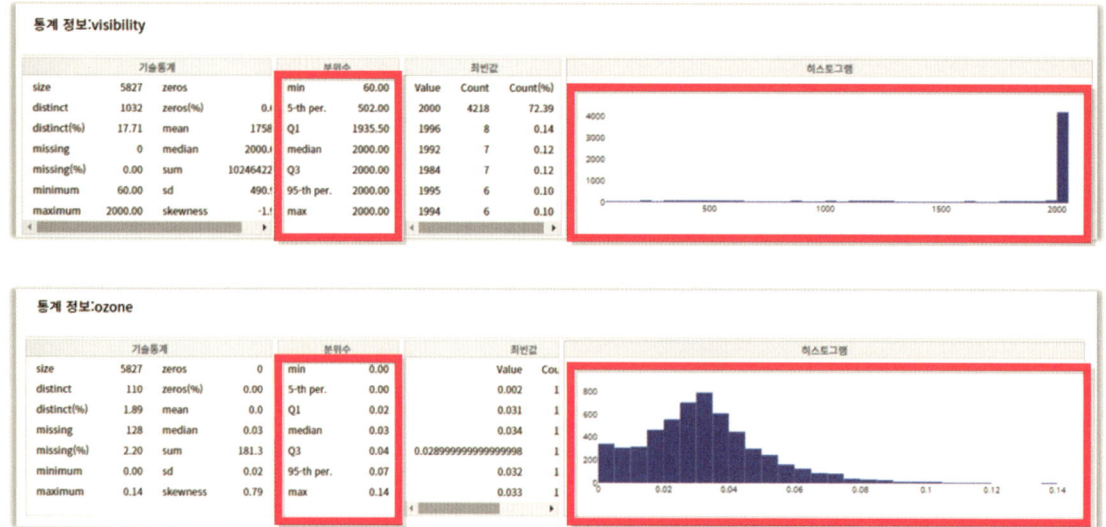

가시거리(visibility)와 오존 농도(ozone) 속성의 데이터 범위 비교

예를 들어, 오존은 숫자의 값이 매우 작으므로 무시되고, 가시거리만 중요하게 생각할 수 있다. 둘 다 중요한 속성으로 학습되기 위해서는 데이터값의 범위를 같은 범위로 조정해주어야 한다.

(3) 범위 조정은 어떻게 할까

범위 조정에는 대표적으로 정규화와 표준화의 2가지 방법이 있다.

범위조정 중 정규화는 왼쪽 그림과 같이 크기가 큰 수박과 크기가 작은 딸기의 모양을 변화하지 않고 오른쪽 그림과 같이 크기를 동일하게 변화시키는 방법이다.

정규화 방법의 예시

가시거리(visibility)와 오존 농도(ozone), 2개의 칼럼에 정규화를 하면 다음과 같이 0~1 사이의 값, 표준화를 하면 평균 0, 표준편차 1의 값으로 변환되는 것을 확인할 수 있다.

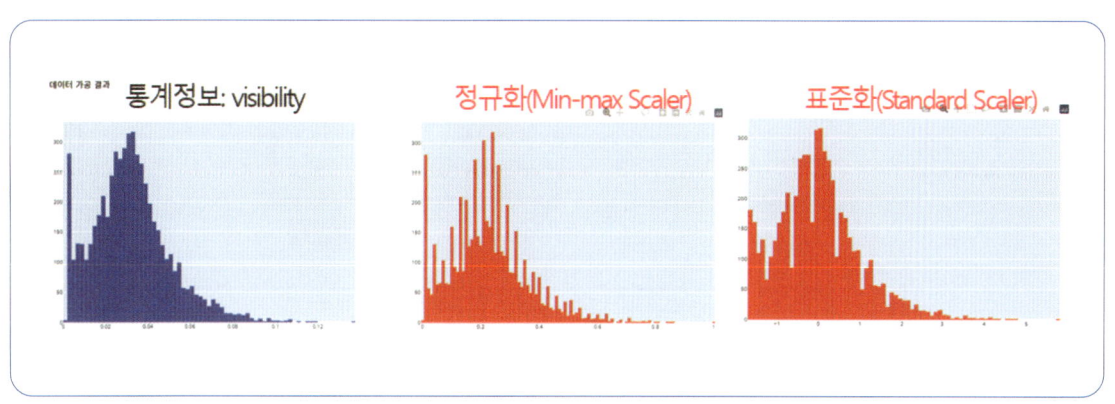

두 개의 칼럼에 정규화와 표준화를 적용한 예시

Q5-5 범위 조정의 정규화와 표준화 방법에 대해 설명해보자.

(4) AIDU ez를 이용한 범위 조정 방법

AIDU ez에서 범위 조정 방법은 결측값 처리 방법과 같다. 해당 칼럼을 선택하고, 'Scale 조정'에서 2가지 방법 중 하나를 선택 → 보기 → 적용 버튼을 누르면 된다.

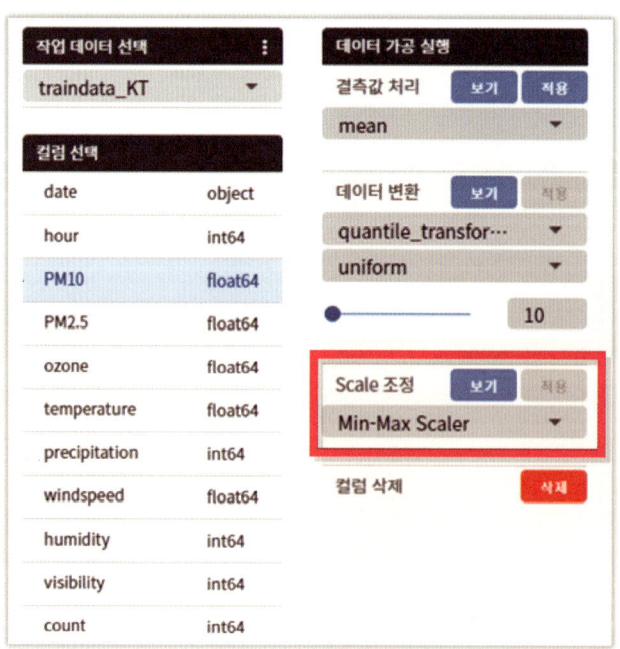

Scale 조정 방법

더 알아보기
인코딩(Encoding)

기본적으로 컴퓨터는 숫자를 이용해 처리하기 때문에 문자형(object) 데이터는 문제 상황에 따라 숫자로 변경해야 한다. 인코딩이란 문자를 숫자로 변환하는 것을 의미한다. 인코딩 방법에는 오디널 인코딩(ordinal encoding) 방식과 원핫 인코딩(one-hot encoding) 방식이 대표적이다. 오디널 인코딩은 순서가 있는 범주형 데이터를 숫자로 변환한다. 예를 들어, low/medium/high와 같은 범주가 있을 경우, 이들 간에는 분명한 순서가 있으므로 오디널 인코딩을 사용하는 것이 바람직하다. 하지만 범주형 데이터에 순서가 없는 경우 원핫 인코딩으로 변경하는 것이 좋다. 예를 들어, dog/cat/lion의 3가지 범주가 있다면, 이들 간에는 순서가 없으므로 원핫 인코딩 방식이 적합하다.

id	level
1	low
2	medium
3	high
4	low

원본 데이터

»

id	level
1	0
2	1
3	2
4	0

ordinal encoding(O)

id	low	medium	high
1	1	0	0
2	0	1	0
3	0	0	1
4	1	0	0

one-hot encoding(X)

순서가 있는 경우 오디널 인코딩이 적합

id	level
1	dog
2	cat
3	lion
4	dog

원본 데이터

»

id	level
1	0
2	1
3	2
4	0

ordinal encoding(X)

id	dog	cat	lion
1	1	0	0
2	0	1	0
3	0	0	1
4	1	0	0

one-hot encoding(O)

순서가 없는 경우 원핫 인코딩이 적합

AIDU ez에서 오디널 인코딩은 '데이터 가공' 메뉴에서 적용할 수 있지만 원핫 인코딩은 'AI 모델 학습' 메뉴의 '딥러닝 학습'에서 적용할 수 있다. 공공자전거 수요 예측에서 문자형 데이터는 'date'이다. 하지만 2021-04-01과 같은 날짜는 일반적으로 2021, 04, 01과 같이 년, 월, 일로 분리하는 것이 일반적이라 여기서는 오디널 인코딩이나 원핫 인코딩을 적용하지 않는 것이 바람직하다.

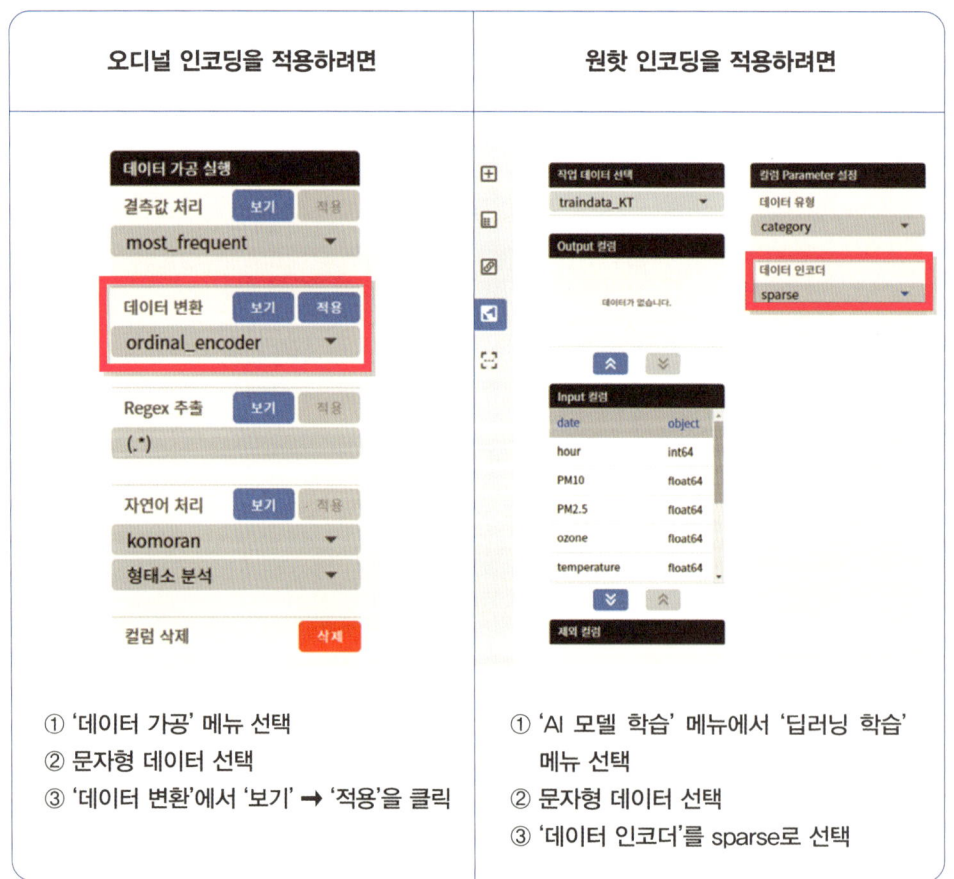

4) 필요 없는 칼럼을 삭제해보자

앞에서 결측값 처리를 통해 3개의 칼럼(PM10_IM, PM2.5_IM, ozone_IM)이 추가되었다. 따라서 결측값이 있는 이전의 칼럼은 중복된 값이니 삭제해야 한다. AIDU ez에서 칼럼 삭제 방법은 다음과 같다.

① PM10 칼럼 선택 후 삭제 버튼 클릭.
② PM2.5 칼럼 선택 후 삭제 버튼 클릭.
③ ozone 칼럼 선택 후 삭제 버튼 클릭.
④ 삭제가 잘 된 것 확인 후 '가공 데이터 저장' 버튼 클릭.

'가공 데이터 저장'을 클릭하면 traindata_KT_processed라는 이름이 추가로 생성된 것을 확인할 수 있다.

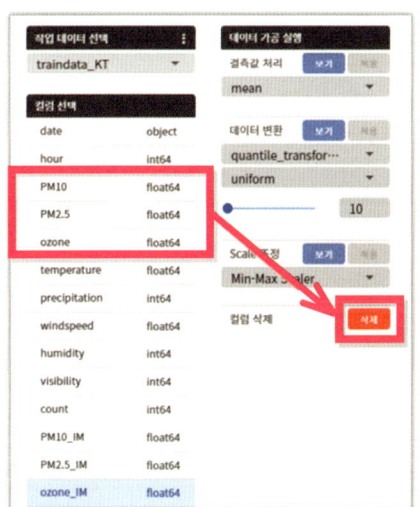
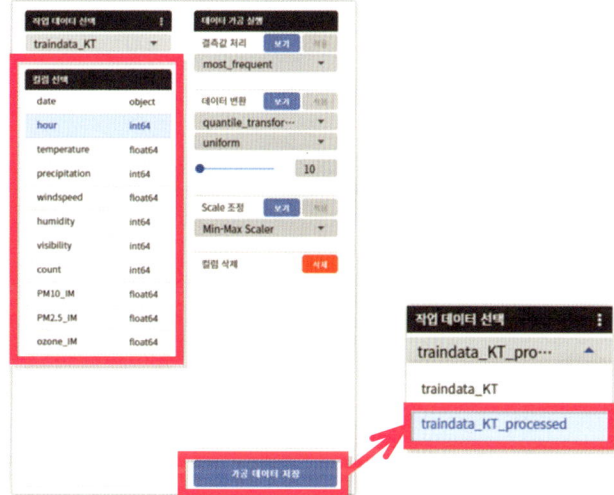

Q5-6 AIDU ez에서 다음과 같이 결측값을 처리하는 방법에 대해 실습하고 단계를 설명해보자.

> PM10, PM2.5, ozone의 결측값을 평균(mean)으로 처리하시오.

AI 모델 학습하기

학습목표 AI 모델 학습하기에서 딥러닝 학습 개념과 방법을 이해하고 평가할 수 있다.
학습내용 AI 모델 학습에서 딥러닝 학습에 필요한 용어 이해하기
AIDU ez를 통한 딥러닝 학습 실습하기

공공자전거 수요 예측을 위해 AI 모델을 학습시켜볼까

AI 모델 학습에는 머신러닝 학습과 딥러닝 학습, 2가지가 있는데 여기서는 딥러닝 학습 방법만 다룬다.

이번 장에서 해결하고자 하는 문제는 다음과 같다. 이 문제를 통해 데이터 가공의 이유와 방법에 대해 자세히 알아보자.

문제 딥러닝 AI 모델을 다음과 같이 설정하고 학습할 때 평균절대오차(MAE) 값의 평균은?

1. 입력/출력/제외 칼럼 선택
- 작업 데이터 선택: traindata_KT_processed
- Output 칼럼 설정: count
- 제외 칼럼: date
- Input 칼럼: 나머지

2. 칼럼 파라미터 설정하기
- Output 칼럼을 선택 후
- 데이터 유형: numerical
- 모델유형: regressor
- 활성함수: relu
- FC 레이어 수: 2
- FC 레이어 크기: 20
- 드롭아웃: 0

3. 학습 파라미터 설정하기
- Epochs: 10
- Batch Size: 100
- Early Stop: 5
- Optimizer: adam
- Learning Rate: 0.001
- 교차 검증 fold 수: 5

TIP AIDU ez에 접속하여 다음과 같이 설정한다.

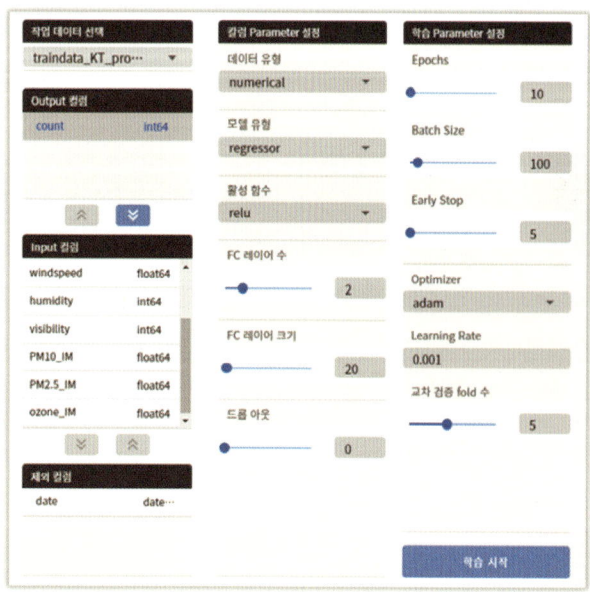

1. 지도 학습의 분류와 회귀에 대해 알아볼까

지도 학습은 독립변수와 종속변수가 데이터에 같이 적용되는 경우를 의미한다. 종속변수가 연속적이지 않으면 분류(classification)라고 하고, 종속변수가 연속적일 때에는 회귀(regression)라고 한다. 만약 종속변수가 없고 독립변수만 있는 경우에는 비지도 학습(unsupervised learning)이라고 한다.

Q6-1 시간, 미세먼지, 강수, 공공자전거 대여량의 칼럼이 있는 데이터를 이용해 문제를 해결해보자.

시간	미세먼지	강수
15	33	1
16	44	0
17	50	0

시간	미세먼지	공공자전거 대여량
15	33	251
16	44	228
17	50	355

'강수'가 종속변수인 경우(왼쪽) vs '공공자전거 대여량'이 종속변수인 경우(오른쪽)

① 종속변수가 '강수'인 경우, 분류(classification)인 이유를 서술해보자.

② 종속변수가 '공공자전거 대여량'인 경우, 회귀(regression)인 이유를 서술해보자.

2. 딥러닝 학습은 어떻게 진행될까

딥러닝 학습을 위해 학습과 예측에 대한 전반전인 이해가 필요하다. 그림을 보고 큰 흐름을 살펴보자. 아래 그림은 훈련 데이터와 오른쪽 상단에 시간에 따른 공공자전거 대여량을 시각적으로 표현한 것이다.

학습이란 훈련 데이터 사이의 규칙, 함수, 관계를 찾는 것이다. 이때 규칙, 함수, 관계는 동일한 의미로 사용된다. 딥러닝 모델은 시간에 따라 공공자전거 대여량이 어떻게 변하는지 '규칙'을 찾아내려고 노력한다. 이 '규칙'이란 것은 시간과 공공자전거 대여량 사이의 관계를 잘 나타내는 직선과 같은 것이다. 또한 관계를 잘 나타낸 직선은 실제 데이터의 분포를 잘 나타내고, 실제값과의 오차가 작은 직선일 것이다. 그리고 이렇게 찾아낸 규칙은, 앞으로 새로운 시간 데이터가 주어졌을 때 그 시간에 얼마나 많은 자전거가 필요한지를 예측하는 데 사용된다. 결국 '학습이 잘된 딥러닝 모델'이란 오차(실제값-예측값)가 가장 작은 모델, 즉 실제 상황을 가장 잘 예측하는 모델을 말한다.

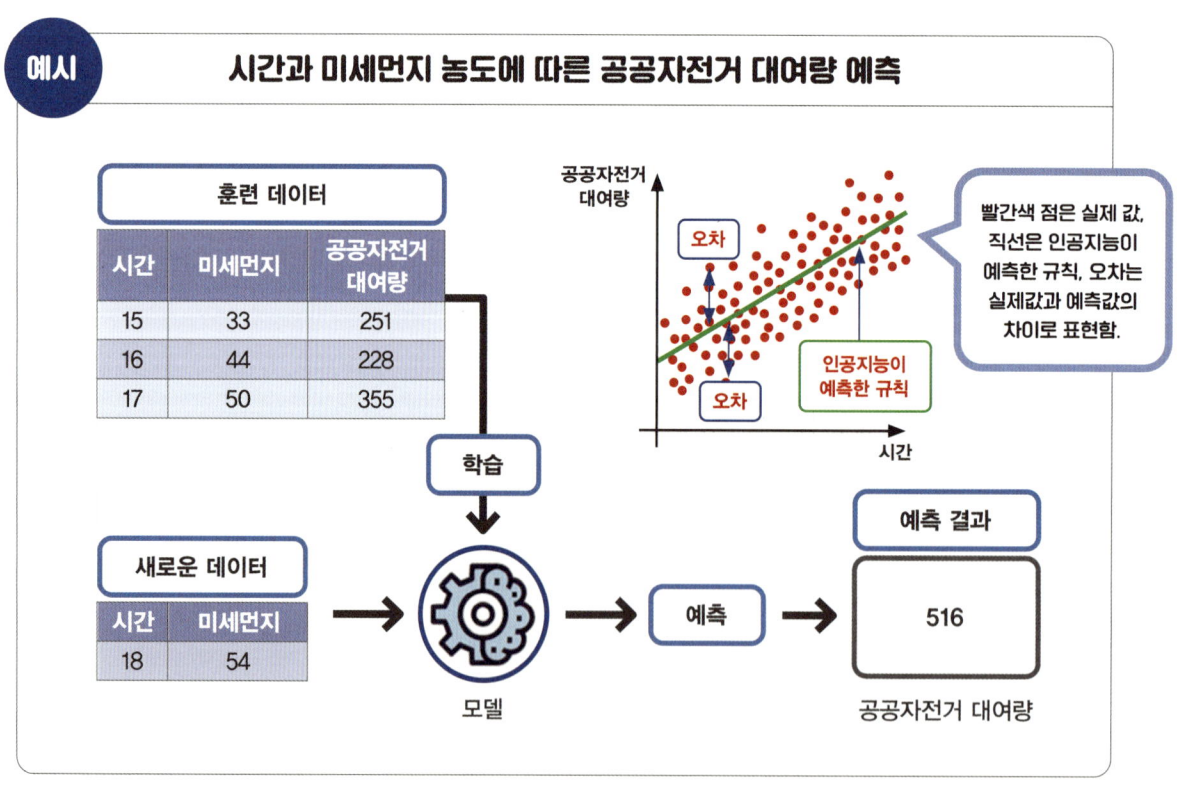

AI 모델 학습과 예측의 흐름

Q6-2 AI 모델 학습과 예측의 흐름 그림을 이용하여 물음에 답해보자.

① 학습이란 무엇인가?

② 그림의 과정을 전체적으로 설명해보자.

③ 학습이 잘된 딥러닝 모델은 무엇을 의미하는지 설명해보자. (딥러닝에서 성능이 좋은 모델을 위해 어떤 값이 작으면 좋은지 설명.)

3. AIDU ez에서 딥러닝 모델 학습 과정은 어떻게 될까

딥러닝 모델 학습을 위해 데이터 설정 → 학습 → 평가의 3단계를 거치고, AIDU ez에서는 데이터 설정하기에서 '입력/출력 데이터 설정하기', 학습 단계에서 '칼럼 파라미터 설정하기', '학습 파라미터 설정하기', 평가 단계에서 '결과 평가'가 제공된다.

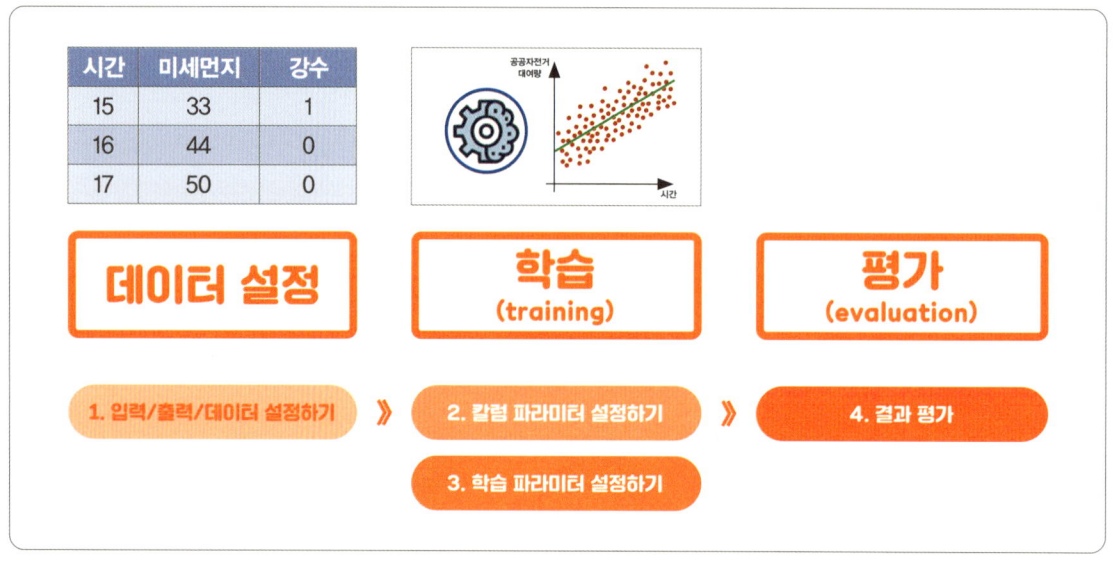

딥러닝 모델 학습 단계

AIDU ez에서 값을 선택해야 하는 것이 매우 많다. 용어가 생소하고 내용이 쉽지 않지만 지금부터 하나씩 함께 살펴보자.

딥러닝 모델 학습 설정 과정

AIDU ez에서 딥러닝 학습의 메뉴 구성은 다음과 같다.

AIDU ez 딥러닝 학습 설정 메뉴

1) 입력/출력/제외 칼럼 선택

입력/출력/제외 칼럼은 문제 상황에 맞게 선택하면 된다. 공공자전거 수요 예측은 공공자전거 대여량을 예측하는 회귀 문제이므로 문제에서 제시되지 않더라도 Output 칼럼에 count를 넣어야 한다. date는 문제 상황에 맞춰 제외 칼럼으로 선택하고, 나머지는 그대로 놔두면 Input 칼럼으로 선택이 된다.

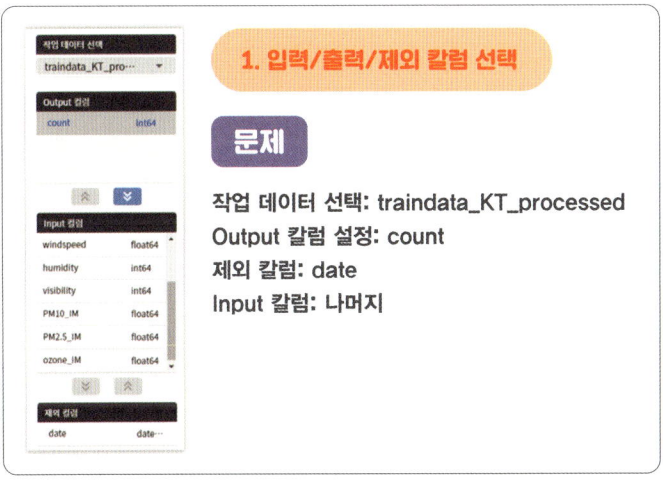

칼럼 선택 화면

2) 칼럼 파라미터 설정의 종류와 방법

칼럼 파라미터를 문제에 맞게 설정해보자. Output 칼럼의 count를 선택하고 클릭을 해보면 다음과 같은 화면이 나온다.

주어진 문제에 따른 칼럼 파라미터 설정 결과 화면

문제에 제시된 대로 칼럼 파라미터 값은 쉽게 설정할 수 있다. 지금부터 다양한 문제를 통해 용어와 개념을 하나씩 자세히 살펴보자.

(1) FC 레이어 설정

FC 레이어(Fully Connected Layers) 설정에는 FC 레이어 수와 FC 레이어 크기, 2가지가 있다. FC 레이어란 입력층과 출력층을 제외한 은닉층을 의미한다. 은닉층의 개수가 2개이면 FC 레이어의 수가 2이다. FC 레이어의 크기는 은닉층의 노드 개수를 의미한다. 은닉층의 노드 개수가 10개이면 FC 레이어의 크기는 10이다.

Q6-3 다음 그림은 공공자전거 수요 예측을 딥러닝 모델로 표현한 것이다. 그림을 자세히 살펴보고 물음에 답해보자.

(그림에서 원(○)은 노드, 노드 간 연결된 선은 파라미터의 가중치이다.)

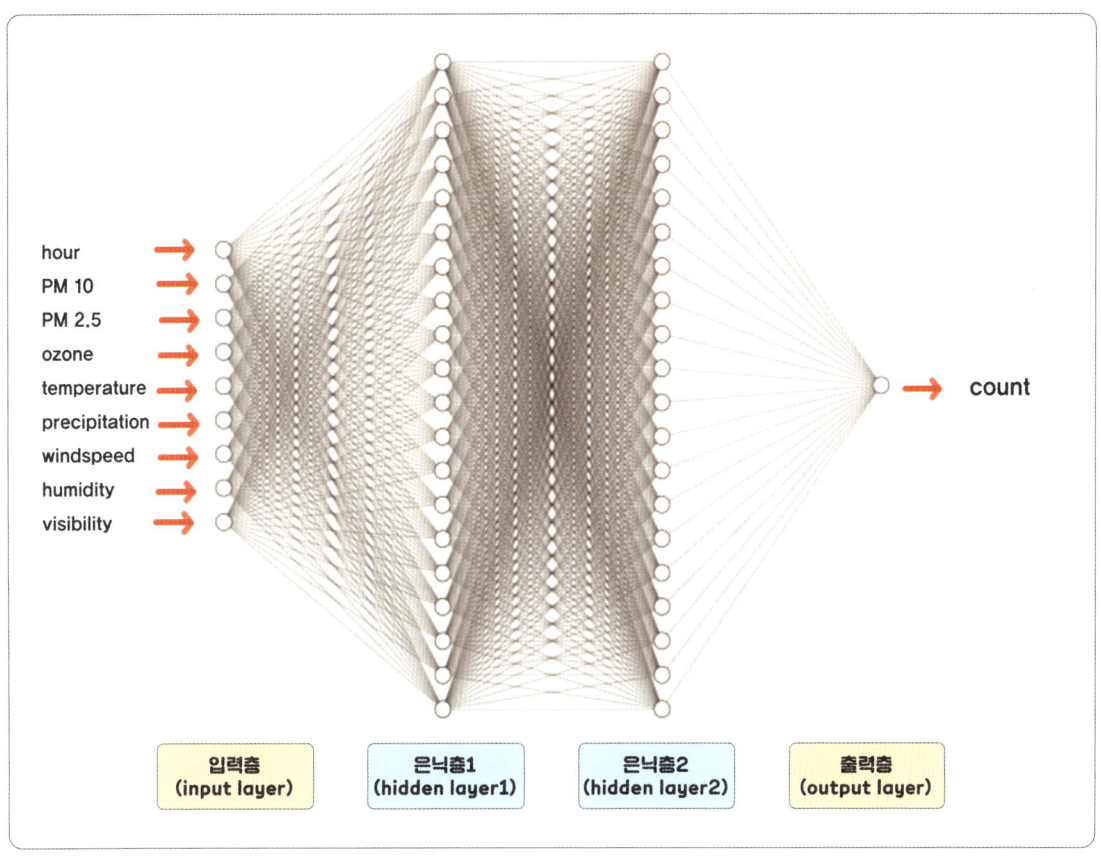

공공자전거 예측 문제의 딥러닝 모델

① 딥러닝 모델에서 FC 레이어의 의미를 설명하고 FC 레이어의 수를 구해보자.

② 딥러닝 모델에서 FC 레이어의 크기의 의미를 설명하고 FC 레이어의 크기를 구해보자.

③ 아래 딥러닝 모델에서 FC 레이어의 수와 FC 레이어의 크기를 계산해보자.

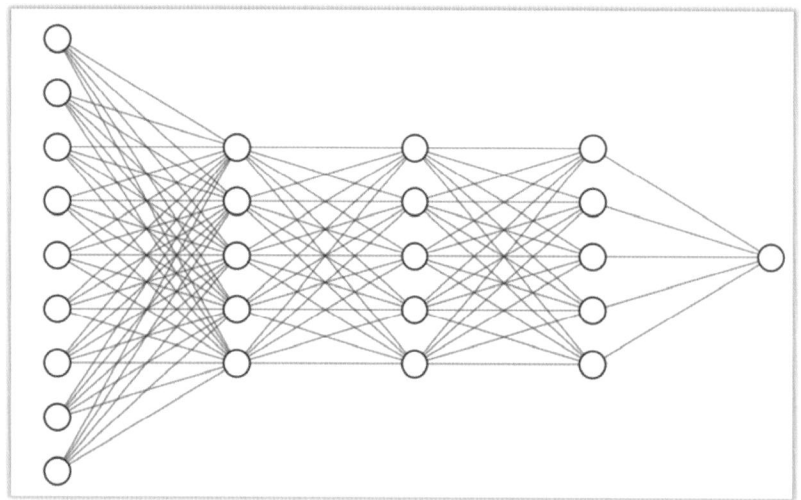

(2) 활성함수

여기서는 활성함수 중 relu 함수를 사용했는데, relu 함수는 양수값은 그대로 출력하고, 음수값은 0으로 출력해주는 함수이다. 양수는 그대로 출력하고, 음수는 0으로 출력해주는 의미가 무엇인지, 문제를 통해 더 깊이 이해해보도록 하자.

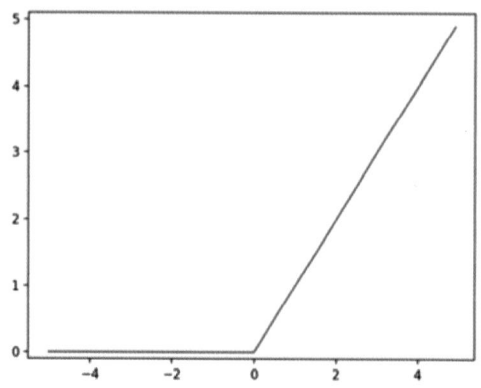

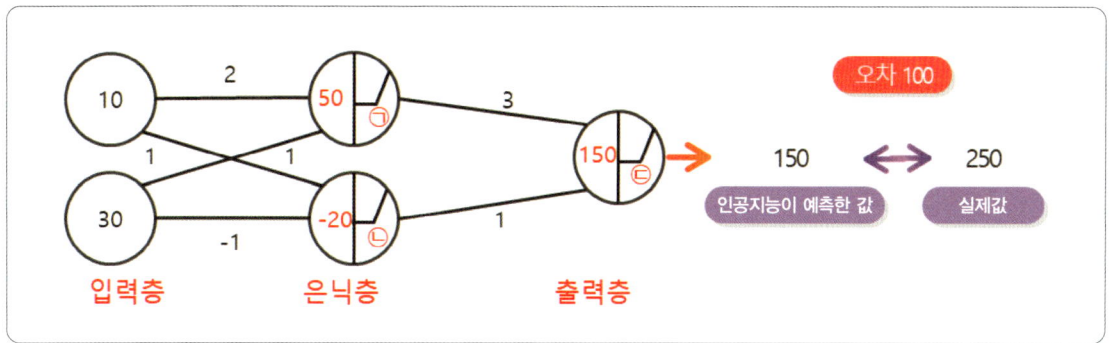

① 활성함수를 사용했을 때 ㉠, ㉡, ㉢에서 출력되는 값을 작성해보자.

② AI 모델이 150으로 예측한 이유를 수식으로 계산해보자.
(은닉층의 첫 번째 노드는 10×2+30×1=50과 같이 계산됨.)

③ 만약 학습이 진행되어 은닉층에서 출력층 사이의 가중치 값이 3 → 4.4와 같이 변경된 경우, 이때 ㉠, ㉡의 값과 오차를 계산해보자.

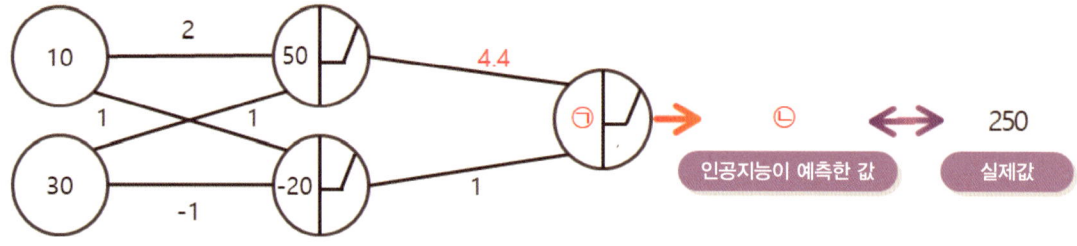

(3) 드롭아웃

드롭아웃은 노드의 값과 파라미터를 모두 계산해야 하는데 FC 레이어의 수와 FC 레이어의 크기가 클수록 계산량이 많이 증가하므로 중간에 일부분을 제거해주는 것을 말한다. 복잡한 모델일 때 아래 그림과 같이 드롭아웃을 해주면 학습 속도가 빨라지고 성능이 향상될 수 있다.

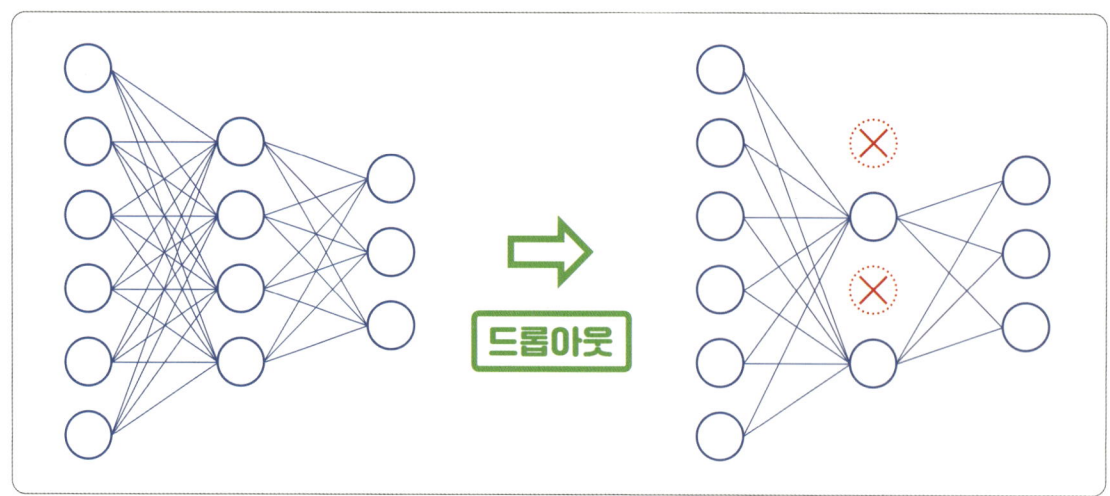

드롭아웃의 예시

3) 학습 파라미터 설정 종류와 방법

칼럼 파라미터 설정 후 문제에 맞게 학습 파라미터를 설정해보자.

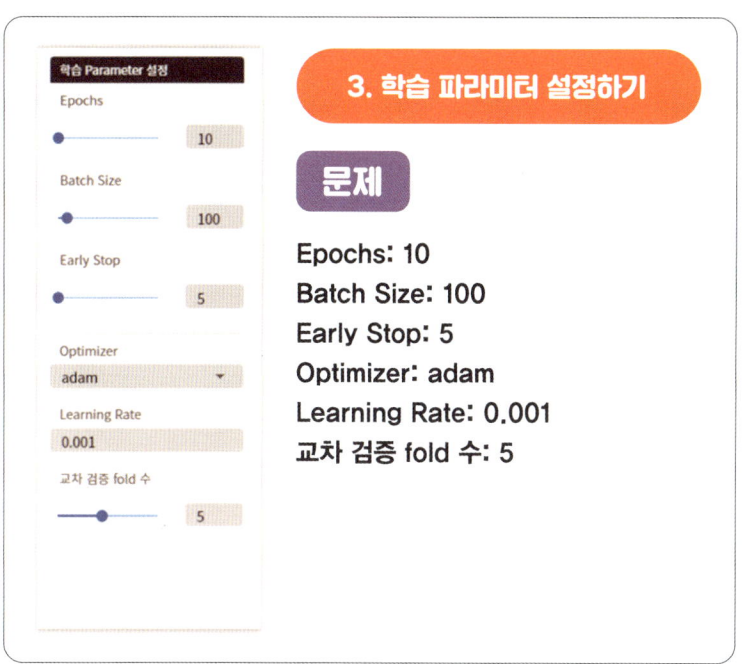

학습 파라미터 설정

(1) 훈련 데이터, 검증 데이터, 테스트 데이터

공공자전거 수요 예측 문제의 전체 데이터 개수는 5,827개이다. 이 중 훈련 데이터는 4,116개(약 70%), 검증 데이터는 547개(약 10%), 테스트 데이터는 1,164개(약 20%)가 사용되고 있다. 이렇게 데이터를 분할하는 이유는 5,827개의 데이터를 전부 다 훈련 데이터로 사용해버리면 검증 및 테스트 데이터를 새로 구해야 하기 때문이다. 검증 및 테스트 데이터는 훈련에 사용하지 않은 데이터를 사용해야 한다. 만약 검증·테스트 데이터에 훈련에 사용된 데이터를 이용한다면 이는 새로운 것에 대한 '예측'이 아니라 이전 정보에 대한 기억 능력이다. 인공지능의 '지능'이란 새로운 것에 대한 '예측'을 잘하는 것이지 이전에 학습 때 본 것을 잘 기억하는 능력은 아니라는 사실을 이해해야 한다.

원본 데이터를 훈련 데이터, 검증 데이터, 테스트 데이터로 분리

(2) 배치 사이즈(Batch Size)와 에포크(epochs)

메모리와 처리 능력의 한계 때문에 한 번에 모든 데이터를 처리할 수는 없다. 만약 훈련 데이터를 100개의 행씩 나눠서 입력층에 전달한다면 Batch Size는 100이 될 것이다. 제공된 훈련 데이터가 입력층에 전달되어 모두 처리되면 1epoch이다. 다음 그림은 9개 칼럼의 입력층이, 1개의 count로 출력되는 문제 상황에 맞게 그린 것이다. 그림 왼쪽의 사각형은 100개의 배치 사이즈(Batch Size, 한 번에 처리하는 크기)를 이용해 4,116개의 행이 입력되는 모습을 표현한 것이다. 에포크(epoch, 반복 횟수)는 보통 50번, 100번 등 여러 번 하기 때문에 epochs와 같이 복수형을 사용하기도 한다.

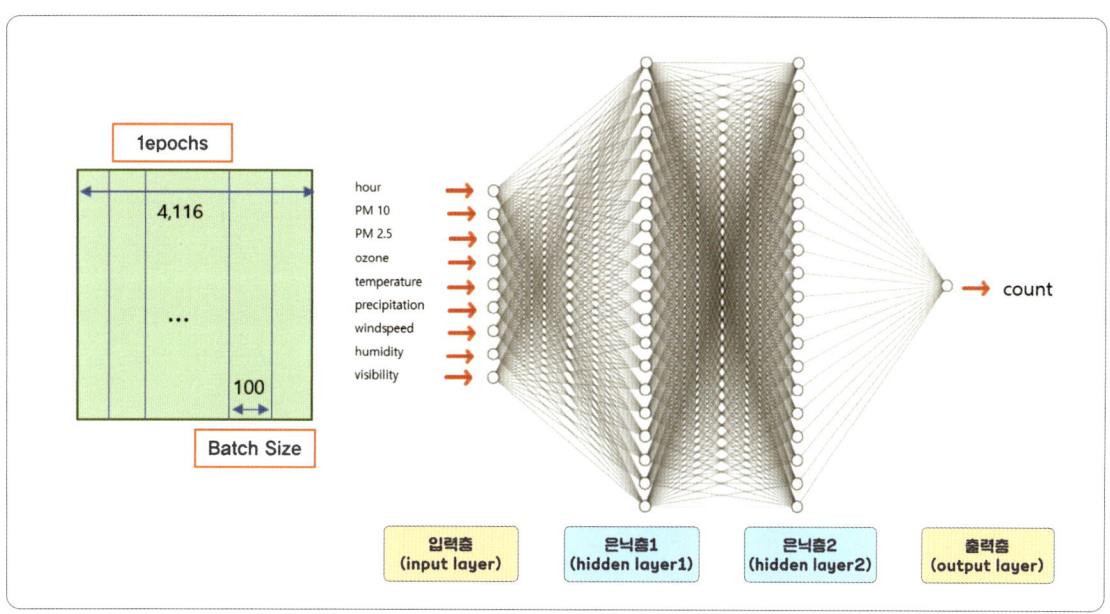

AI 모델의 입력층에 데이터가 입력되는 장면

Q6-5 Batch Size와 epochs에 대해 알아보자.

① Batch Size가 필요한 이유에 대해 설명해보자.

② 4,116개의 행(관측치)으로 이루어진 훈련 데이터는 Batch Size=100일 때 몇 번 나눠서 입력되는지 구해보자.

③ epochs에 대해 설명해보자.

(3) 조기종료(Early Stop)

학습을 많이 하면 오차가 계속 줄어들지만 AI 모델은 훈련 데이터에 대한 오차가 작다고 좋은 것은 아니다. 새로운 데이터에 대해 예측을 잘해야 하므로 검증·테스트 데이터의 오차가 작은 모델이 좋은 모델이다. 따라서 학습을 많이 하면 훈련 데이터의 성능이 더 좋아지는데 더 이상 성능이 좋아지지 않는 때가 오면 훈련을 종료한다.

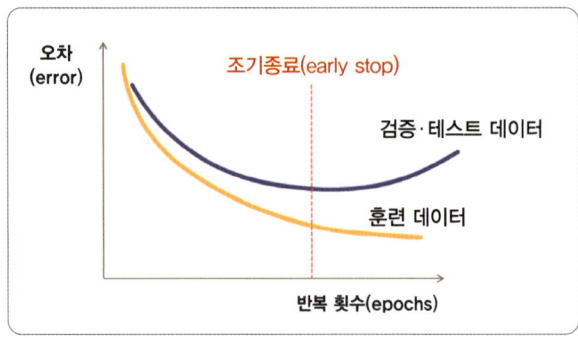

반복 횟수에 따른 오차

Q6-6 반복 횟수에 따른 오차의 그래프를 보고 물음에 답해보자.

① Early Stop이란 무엇인지 설명해보자.

② 반복 횟수가 늘어나도 검증·테스트 데이터의 오차가 줄어들지 않는 이유를 생각해보자.

(4) 최적화(Optimizer)

딥러닝에서 최적화란 학습의 과정에서 오차가 작은 모델을 만드는 알고리즘이다. 최적화 방법에는 여러 가지 알고리즘이 있으며 그중 아담을 많이 사용한다. 아담은 다른 알고리즘에 비해 효율적이고 안정성이 보장된다.

Q6-7 아래 그림은 y=wx 식의 가중치 w값을 0.4씩 변화시켜 오차를 표현한 그래프이다. 자세히 살펴보고 물음에 답해보자.

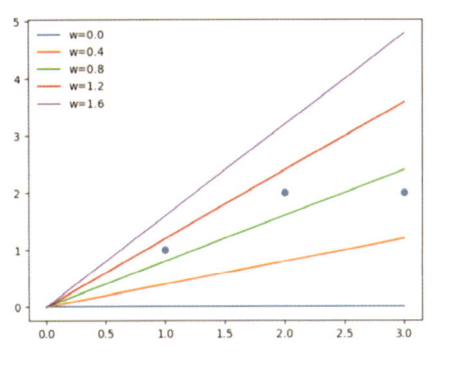

데이터 3개와 y=wx식의 그래프

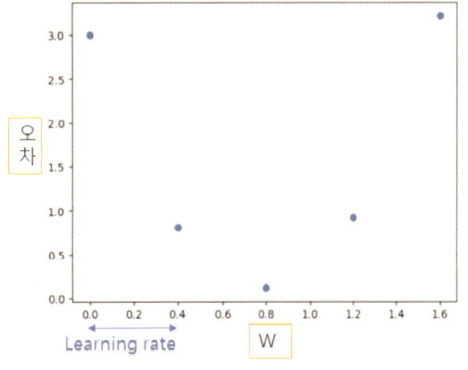

w값에 따른 오차값

※ 왼쪽 그래프의 파란색 점은 '데이터', 오른쪽 그래프의 파란색 점은 w값에 따른 오차값을 나타낸다.

① 위의 그래프를 이용하여 최적화를 설명해보자.

② 학습률(learning rate)을 설명해보자.

(5) 교차 검증

교차 검증이란 훈련 데이터와 검증 데이터를 여러 번 반복해서 나누고 여러 모델을 학습해서 평가하는 방법이다. 같은 데이터라고 하더라도 수집한 시기가 다를 수도 있고, 대상이 변경되어 앞부분, 뒷부분의 규칙이 다를 수 있다. 교차 검증 fold가 5라면 원본 데이터에서 서로 다른 다섯 부분으로 나눠 데이터를 고르게 학습하고 각각 결과의 평균값을 택한다. 이렇게 교차 검증을 이용하면 모델의 성능이 향상될 수 있다.

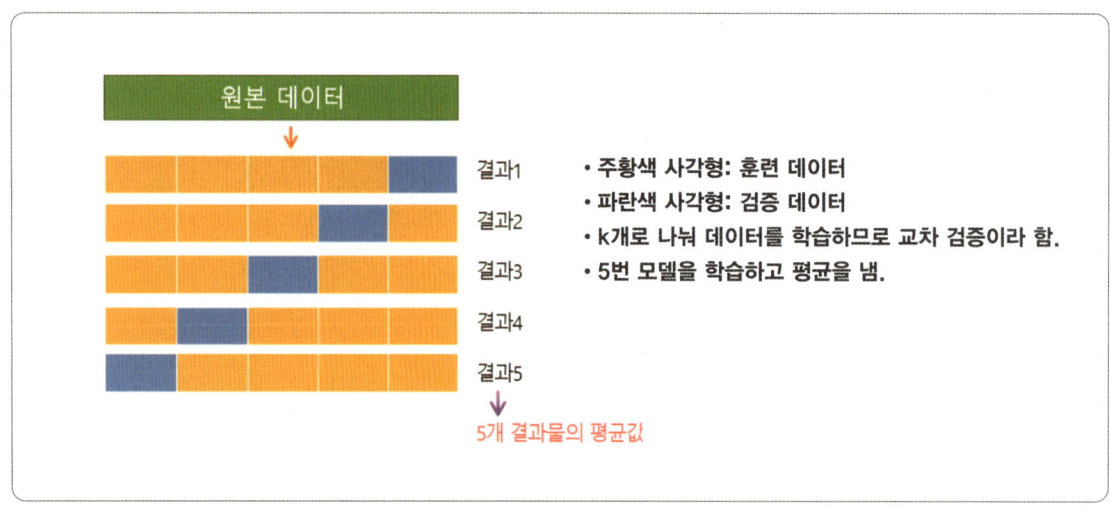

fold가 5인 경우 교차 검증의 예시

4) 모델 평가

지금까지 순서에 맞게 AI 모델을 설정하고 문제에 맞게 선택, 설정한 후 '학습 시작' 버튼을 누르면 MAE값의 평균은 0.741244가 나온다. 이후 모델 저장버튼을 누르면 traindata_KT_processed_latest로 저장된다.

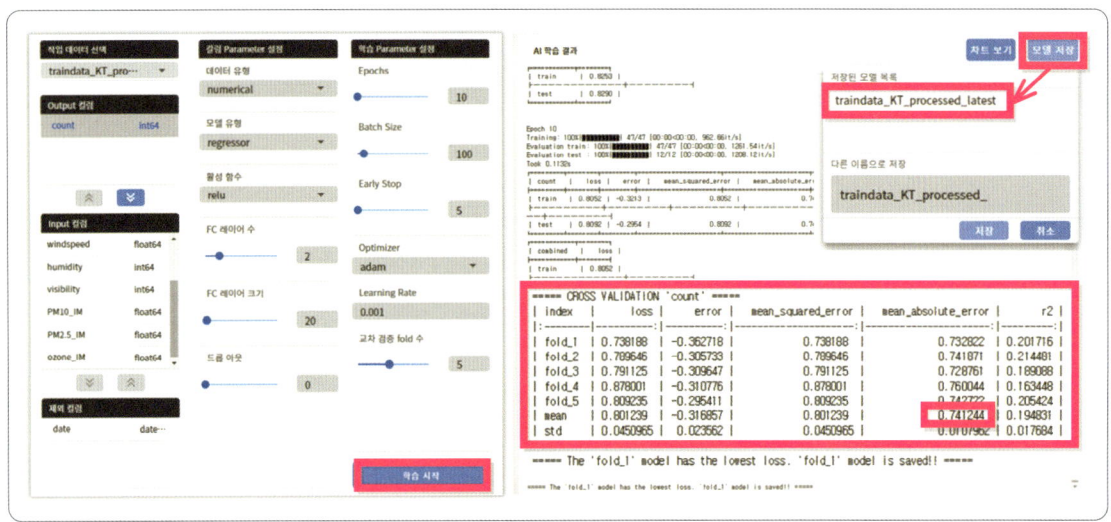

Q6-8 딥러닝 AI 모델을 다음과 같이 설정하고 학습할 때 평균절대오차(MAE) 값의 평균을 AIDU ez를 이용해 구해보자.

① 오차, MAE, MSE에 대해 설명하고 MAE와 MSE가 필요한 이유에 대해 설명해보자.

② 결정계수(R2)는 무엇이고 사용하는 이유는 무엇인지 설명해보자.

Q6-9 딥러닝 AI 모델을 다음과 같이 설정하고 학습할 때 MAE 값을 AIDU ez를 이용해 구해보자.

1. 입력/출력/제외 칼럼 선택
- 작업 데이터 선택: traindata_KT_processed
- Output 칼럼 설정: count
- Input 칼럼: 나머지

2. 칼럼 파라미터 설정하기
- Output 칼럼을 선택 후
- 데이터 유형: numerical
- 모델유형: regressor
- 활성함수: relu
- FC 레이어 수: 2
- FC 레이어 크기: 100
- 드롭아웃: 0

3. 학습 파라미터 설정하기
- Epochs: 50
- Batch Size: 100
- Early Stop: 5
- Optimizer: adam
- Learning Rate: 0.01
- 교차 검증 fold 수: 1

AI 모델 활용하기

학습목표 학습이 완료된 AI 모델을 변수 영향도 및 시뮬레이션에 활용할 수 있다.
학습내용 변수 영향도와 시뮬레이션 활용하기
제시된 문제에 맞게 AIDU ez에서 AI 모델을 활용하기

공공자전거 수요 예측을 위해 AI 모델을 활용해볼까

이전에 학습하고 저장한 딥러닝 AI 모델을 활용하는 방법을 알아보자. '작업 데이터 선택'의 traindata_KT_processed를 클릭하고, '학습 모델 목록'을 클릭하면 이전에 학습했던 모델 정보를 볼 수 있다.

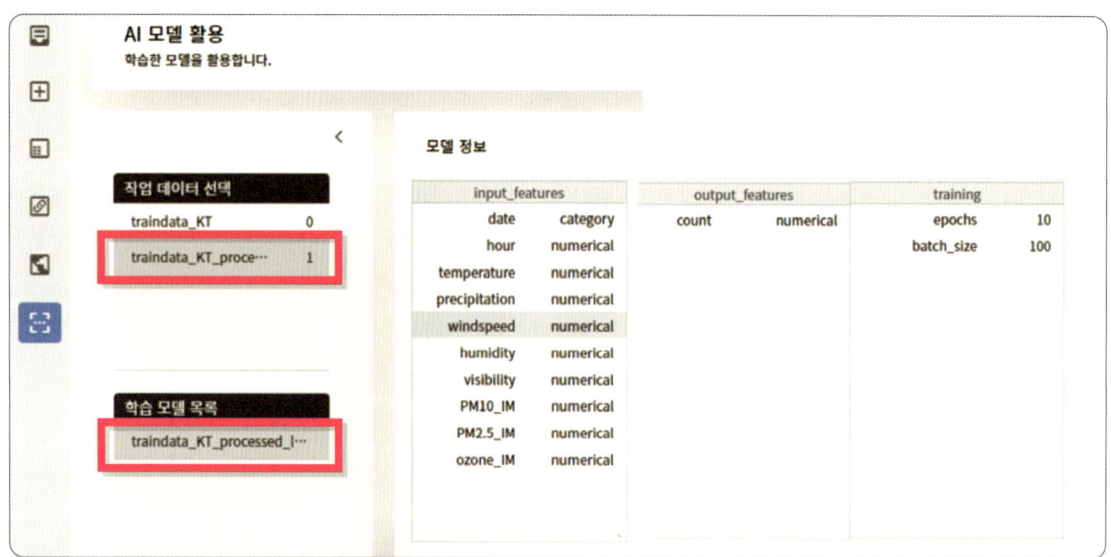

AI 모델 활용하기 메뉴에서 '학습 모델 목록' 선택하기

'AI 모델 활용' 메뉴에서는 '분석하기', '변수 영향도 확인', '시뮬레이션', '예측하기', '다운로드하기', '삭제하기' 메뉴가 제공되는데, 여기서는 '변수 영향도 확인'과 '시뮬레이션' 메뉴 2가지를 활용해보자.

'AI 모델 활용' 메뉴

Q7-1 '변수 영향도 확인' 메뉴를 선택하여 공공자전거 대여량(count)에 가장 영향을 많이 준 변수를 확인해보자.

Q7-2 시뮬레이션에 다음과 같이 변수를 입력했을 때, 예측값을 구하고 소수점 3자리에서 반올림하여 소수점 2자리까지 나타내보자.

Hour: 12, temperature: 15.5, precipitation: 0, windspeed: 2.2, Humidity: 41, visibility: 2000, PM10_IM: 40, PM2.5_IM: 20, ozone_IM: 0.01

모범 답안

Q1-1

예) 운동이 된다.	예) 기름값을 아낄 수 있다.
예) 환경오염을 줄일 수 있다.	예) 교통체증을 완화할 수 있다.

Q1-2

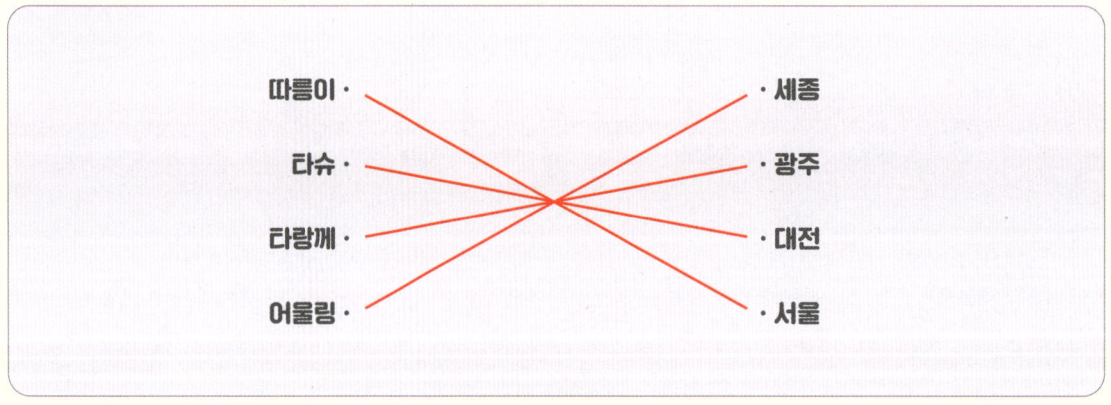

따릉이 · — · 서울
타슈 · — · 대전
타랑께 · — · 광주
어울링 · — · 세종

Q2-1

① 공공자전거 데이터에 사용시간, 대여량, 사용에 미치는 여러 가지 정보들이 포함되어 있다면 데이터 분석을 통해 파악할 수 있다.
② 공공자전거 대여량에 영향을 미치는 정보들이 무엇인지 파악하고 AI 모델이 이 정보들을 학습하게 하면 수요를 예측할 수 있다.
③ 수요를 예측할 수 있다면 언제 사람들이 많이 이용하는지, 언제 적게 이용하는지 등을 파악하여 공공자전거의 효율적인 활용 방안 구상과 정책 수립에 도움을 줄 수 있다.

Q2-2

공공자전거 데이터를 이용하여 이용 패턴을 분석하고 공공자전거에 대한 수요를 예측하여 공공자전거의 효율적인 이용에 대한 정책 수립에 기여한다.

Q3-1

공공자전거를 이용할 때	예) 등하교 시간에 급할 때, 맑은 날씨에 공원 한 바퀴 돌고 싶을 때
공공자전거를 이용하지 않을 때	예) 비가 와서 우산을 써야 할 때, 미세먼지 많은 날

Q3-2

요소	요소의 필요 여부	상세 요소
날씨	예) 날씨가 좋지 않으면 안 타고, 날씨가 좋으면 탈 가능성이 있으므로 필요하다.	예) 풍속, 온도, 습도, …
미세먼지	예) 미세먼지가 많으면 밖에 나가고 싶지 않으므로 탈 가능성이 낮고, 미세먼지가 없으면 탈 가능성이 높으므로 필요하다.	예) 미세먼지, 초미세먼지
인구	예) 인구의 많고 적음보다는 많이 탈 수 있는 환경인지가 더 중요한 요소일 것 같으므로 불필요하다.	예) 불필요한 요소
공공자전거 대여량	예) 얼마나 대여하는지 파악해야 분석이 가능하므로 반드시 필요하다.	예) 대여량(대수)
예) 비용	예) 자전거 대여 비용이 비싸면 안 타고 저렴하면 탈 것이므로 필요하다.	예) 대여금액
예) 지리적 조건	예) 길이 평탄한 곳이 많고 자전거 도로가 잘 구성되어 있으면 더 탈 수 있을 것이므로 필요하다.	예) 자전거 도로 여부, 경사도 여부

모범 답안

Q4-1

①	(정답) 11개 (해설) 속성을 변수(variable)라고도 부른다. AIDU ez에는 variables라고 표기되어 있다.
②	(정답) 5,827개 (해설) 데이터 분석 옵션에서 데이터 범위를 전체로 설정하면 총 5,827개인 것을 알 수 있다.
③	(정답) Numeric, Object (해설) 기초정보 분석 결과의 유형 항목을 보면 공공자전거에는 Numeric으로 표시한 수치형 데이터와 Object로 표시한 문자형 데이터가 있는 것을 알 수 있다.
④	(정답) 325개의 결측값이 있고 이는 전체 데이터의 약 0.5%에 해당한다. (해설) 기초정보 분석 결과의 데이터 정보에서 Missing cells, Missing cells(%)를 확인한다.
⑤	• 기술통계를 볼 때 결측값은 없으며, distinct를 볼 때 고윳값은 244일 동안 조사한 것임을 알 수 있다. • 최빈값을 볼 때, 날짜별 24개씩 있는 것은 24개(0시~23시)의 시간별로 정보를 가지고 있기 때문이다.
⑥	• 기술통계를 볼 때, 결측값은 없고, distinct가 24인 것을 고려할 때 24시간으로 구성된 것을 예상할 수 있다. • 분위수를 볼 때, 최솟값(min)은 0, 최댓값(max)은 23이므로, 0시~23시까지의 구간으로 구성되어 있음을 알 수 있다. 또한 Q1이 6, 중앙값(median)이 12, Q3가 18인 것을 볼 때, 매 시간 단위로 조사된 것을 예상할 수 있다. • 최빈값에서 개수가 243이 반복되고 있다는 것은 243일간 조사한 데이터라고 예상할 수 있다. • 조사날짜는 244개, 조사시간은 243개로 1개의 차이가 있다는 것은 날짜는 244일간이지만, 시간은 만으로 계산하여 1번째 날 12시부터 조사하기 시작했다면, 마지막 날은 11시까지 조사했을 가능성 때문이라 볼 수 있다.
⑦	기술통계를 볼 때, 최솟값, 최댓값에 따라 미세먼지 농도는 3.0~827.0 사이의 분포를 보이고, 평균 32.0, 중앙값은 25이다. 히스토그램을 볼 때 대략 데이터들이 100 이하에 집중되어 있음을 알 수 있다. 미세먼지 농도가 0~50까지의 경우는 좋음 단계, 51~100까지가 보통 단계인 것을 감안하면 대부분의 미세먼지 농도는 괜찮았다고 볼 수 있다. zeros 항목이 0인 것으로 보아 미세먼지 농도가 0인 날은 없었던 것도 확인 가능하다.

⑧	기술통계를 볼 때, 최솟값, 최댓값에 따라 초미세먼지 농도는 1.0~125.0 사이의 분포를 보이고, 평균 15.7, 중앙값은 13.0이며 히스토그램을 볼 때 대부분의 데이터가 41 이하에 분포되어 있는 것으로 보아 보통 이상의 수준인 것을 알 수 있다.
⑨	기술통계를 볼 때 오존 수치는 0.00~0.14 범위에 분포해 있고, 평균, 중앙값, 히스토그램을 살펴볼 때 오존 수치가 0.12 이상일 때 주의보가 내리는 것을 보면 오존으로부터 안전한 날들이 대부분이었음을 확인할 수 있다.
⑩	온도는 결측값이 없고, 최저 영하 3.5도에서 최고 36.3도의 범위에 분포해 있으며 평균 19.4도이다.
⑪	강수 여부의 경우 결측값이 없으며, 0과 1값으로 구성된 속성이다. 0은 강수량이 없는 시간, 1은 강수량이 있는 시간으로 최빈값을 볼 때 강수량이 없는 시간이 전체의 92.45%에 해당한다. 이는 강수 여부에 따른 대여량을 예측할 경우 강수량이 있는 날의 값이 상대적으로 너무 적어서 편향된 결과를 산출할 가능성을 담고 있다.
⑫	풍속 속성은 0.0~8.3의 범위에 있고 평균 2.2, 중앙값 2.2를 보이고 있어 바람이 그리 심한 날이 많지 않았던 것을 확인할 수 있다.
⑬	습도는 19.0~100.0의 분포를 보이고, 평균 68.6, 중앙값 70에 해당하며 히스토그램을 고려할 때 습도의 경우 대부분 높은 값에 분포하고 있음을 알 수 있다.
⑭	가시거리 속성은 결측값이 없으며 60~2,000 사이의 범위에 분포해 있고, 대부분이 2,000에 가깝게 분포되어 있다. 평균이 1,758, 중앙값도 2,000인 것을 보아 맑은 날씨가 대부분이었다는 것을 알 수 있다.
⑮	공공자전거 대여량은 결측값이 없으며, 1~1,746의 범위에 분포해 있고 시간 평균 215.1대를 대여하고 있다. 대여량이 1,500대 이상을 웃도는 시간대도 더러 있었음을 확인할 수 있다.

Q4-2

① 산점도	• 공공자전거 대여량(count)을 살펴볼 때 강수량이 있는 시간은 없는 시간에 비해 대여량이 상대적으로 적은 것을 알 수 있다. • 조사시간과 공공자전거 대여량 간의 관계를 살펴보면, 강수 여부를 떠나 8시경, 18시경 대여량이 급격히 증가하는 것을 볼 수 있는데, 이는 대략적으로 등하교/출퇴근 시간과 일치하므로 등하교/출퇴근 시간 사용량이 많은 것으로 예상할 수 있다. • 미세먼지 및 초미세먼지 농도와의 관계를 살펴보면 농도가 높아질수록 공공자전거 대여량이 줄어드는 것을 알 수 있다. 비가 오면 미세먼지도 씻겨 내려가니 붉은색으로 표시된 지점들이 미세먼지 농도가 낮은 부분에 분포되어 있을 수밖에 없다. • 오존 수치 또한 증가하면 어느 시점부터는 대여량이 감소하는 경향을 보인다. • 온도와 공공자전거 대여량 간의 관계를 살펴보면, 20도 중반까지는 기온이 올라가면 공공자전거 대여량도 증가하지만, 그 이후의 온도에는 공공자전거 대여량이 감소하는 경향을 보인다. • 풍속 또한 일정 세기 이상이 되면 바람이 세질수록 대여량이 줄어드는 경향을 보인다. • 습도의 경우 강수량이 있는 시간은 당연히 습도가 높으니 그래프의 우측에 집중되어 있고, 강수량이 없는 시간은 일정 습도 이상이 되면 공공자전거 대여량도 다소 감소하는 경향을 보인다. • 가시거리는 아주 짧은 정도만 아니라면 공공자전거 대여량에 크게 영향을 끼치지 않는 것으로 보인다.
② 히트맵	• 시간 0.586, 미세먼지 농도 0.028, 초미세먼지농도 0.037, 오존 수치 0.316, 온도 0.277, 강수 여부 -0.269, 풍속 0.223, 습도 -0.478, 가시거리 0.265의 관계를 보인다. 따라서 시간, 습도, 오존 수치, 온도, 강수 여부, 가시거리, 풍속, 초미세먼지 농도, 미세먼지 농도 순으로 상관관계가 깊다는 것을 확인할 수 있다. • 미세먼지 및 초미세먼지 농도의 경우 0.02, 0.03 정도이므로 상관관계가 거의 없다고 볼 수 있다. 이는 인공지능이 공공자전거 수요를 예측할 때, 미세먼지와 초미세먼지 속성이 미칠 영향은 미미하므로 학습에서 제외할 속성으로 분류할 수 있다.
③ 박스차트	• 강수량이 없는 시간이 강수량이 있는 시간보다 대여량이 많다. • 강수량이 없는 시간은 공공자전거 대여량의 중앙값이 200이다. 중앙값 위 25% 지점의 대여량은 329.75대, 아래 25% 지점의 대여량은 72대로 약 50%의 데이터들이 72대~약 330대 사이에 집중되어 있는 것을 알 수 있다. • 정상적인 범위로 판단하는 상계값(최댓값)은 714대, 하계값은 1대이다. • 강수량이 없는 시간의 위쪽의 극단점(공공자전거 대여량이 가장 많았던 시간의 대여량)은 1,746대이다.

Q4-3

(정답) 18시

(해설)
1) '시각화 선택' 메뉴에서 '산점도'를 선택한다. '칼럼 선택' 메뉴에서 조사시간, 공공자전거 대여량 속성을 선택하고, '데이터 범위'를 전체로 설정한다. '조회하기' 버튼을 클릭하여 결과를 살펴보면 대체로 18시에서 많은 대여량을 보인다.
2) 박스차트를 통해서 추가로 확인한다. '시각화 선택' 메뉴에서 박스차트를 선택하고 X 칼럼으로 조사시간, Y 칼럼으로 공공자전거 대여량으로 설정한 후 '데이터 범위'를 전체로 살펴본다. '조회하기' 버튼을 눌러 박스차트를 보면, 역시나 18시가 가장 윗부분에 분포해 있는 것을 알 수 있다.

Q4-4

(정답) 조사시간

(해설) 상관관계를 살펴보기 위해서 '시각화 선택' 메뉴에서 '히트맵'을 선택한다. '칼럼 선택' 메뉴에서 '전체 속성'을 선택하고, '데이터 범위'를 전체로 설정한 후 '조회하기' 버튼을 클릭한다. 조사시간 속성 또는 습도 속성의 색이 짙은 것으로 보아 이 두 속성 중 하나가 공공자전거 대여량과 깊은 상관관계를 보인다는 것을 알 수 있다. 해당 사각형에 마우스를 올려 상관계수를 확인해보면 조사시간 속성은 0.5864, 습도 속성은 -0.4789이므로 습도보다는 조사시간이 조금 더 깊은 상관관계를 보인다.

Q4-5

(정답) 6시, 7시, 8시, 21시

(해설) 시각화 선택 메뉴의 박스차트를 선택한 후 X 칼럼으로 조사시간 속성을 선택하고, Y 칼럼으로 공공자전거 대여량 속성을 선택한 다음 '데이터 범위'를 전체로 지정하여 '조회하기' 버튼을 클릭한다. 6시, 7시, 8시, 21시에 각각 1개인 것으로 보이며 대여량이 중복된 값이 있을 가능성을 감안할 때 이 4개의 조사시간이 이상치가 가장 적을 것으로 예상된다.

Q5-1

①
(정답) 종속변수: 출력(output), 클래스(class), 타겟(target), 레이블(label)
(해설) 출력변수, 출력속성, 출력칼럼과 같은 용어를 사용하기도 한다.

②
(정답) 독립변수: 입력(input), 특성(feature)
(해설) 입력변수, 입력속성, 입력칼럼과 같이 섞어서 사용하기도 한다.

Q5-2

결측값을 처리하지 않은 데이터를 이용해 AI 모델을 학습하면 결과의 정확성과 신뢰성이 떨어진다.

Q5-3

(정답)
최빈값: 2, 중앙값: 3, 평균: 3.33
(해설)
최빈값은 빈도가 높은 값이다. 데이터에서 2는 세 번 등장했으므로 최빈값은 2이다.
중앙값은 데이터를 순서대로 정렬했을 때 가운데 위치하는 값이다. 9개의 데이터가 있으므로 다섯 번째 값인 3이 중앙값이다.
평균은 데이터를 전부 더해서 개수로 나눈 값으로 30/9 = 3.33이다.

Q5-4

(단위를 맞춰야 하는 경우) 표와 같이 A 물건이 100g이고 B 물건이 15kg인데 100이 15보다 크니까 A 물건이 더 무거운 물건이라고 인공지능이 잘못 판단하면 안 된다. 인공지능은 숫자를 이용해 학습하므로 단위를 맞춰줘야 할 필요가 있다.
(만점이 다른 경우) 표와 같이 A는 100점 만점에 95점을 받았고 B는 990점 만점에 150점을 받았는데 단순히 숫자만 비교해서 B의 점수가 150점이니까 B가 더 영어를 잘한다는 식의 결과가 나오면 안 된다.

Q5-5

정규화는 칼럼의 모든 값을 0~1 사이의 값으로 맞춰주므로 쉽고, 자주 사용되는 방법이다. 하지만 이상치가 심할 경우 표준화 방법을 사용하기도 한다.
표준화란 평균을 0, 표준편차를 1로 만드는 방법을 의미한다.

Q5-6

1. 작업 데이터를 선택한다.
2. 결측값 처리
   칼럼 선택에서 PM10을 선택한다. 데이터 가공 실행의 결측값 처리에서 mean 선택 후 보기, 적용 버튼을 클릭한다. PM10_IM 칼럼이 새로 생성된 것을 확인할 수 있다. PM2.5도 평균 선택, 보기, 적용 버튼을 클릭한다. ozone도 평균 선택, 보기, 적용 버튼을 클릭한다.
3. Scale 조정은 여기서는 생략하지만, 만약 필요한 경우 결측값 처리와 같은 방법으로 보기, 적용을 선택하면 된다.
4. 필요 없는 칼럼 삭제
   이제 필요 없는 칼럼을 삭제한다. 3개의 칼럼이 필요가 없다. 이후 가공 데이터 저장 버튼을 클릭한다. traindata_KT_process 이름의 작업 데이터가 하나 더 생성되면 완료된 것이다.

Q6-1

①
종속변수가 연속적이지 않은 경우 분류이다.
종속변수가 '강수'인 경우 즉, 비가 왔는지 안 왔는지를 예측하고 싶은 경우에는 비가 오지 않은 경우는 0이고 비가 온 경우는 1이다. 0과 1 사이에 다른 값이 올 수도 없고 0과 1 이외에 다른 값이 올 수도 없다. 이런 경우에는 연속적이지 않은 것이고, 분류(classification)라고 한다.

모범 답안

②
회귀는 예측하고 싶은 값, 즉 종속변수가 연속적일 때를 의미한다. '연속적'이라는 것은 일정한 범위 내에서 어떤 값이든 취할 수 있는 값이라는 뜻이다.
공공자전거 대여량이 하루에 0~1만 대라면 이 범위 내에서 어떤 값이든지 올 수가 있다. 0도 올 수 있고 999도 올 수 있고 9,999도 올 수 있어서 연속된 값이라고 한다.

Q6-2

①
(정답)
학습이란 훈련 데이터 사이의 규칙, 함수, 관계를 찾는 것이다.
(해설)
훈련 데이터가 있을 때 빨간색 데이터 사이에 어떤 관계를 잘 나타내는 선(함수)을 찾는 것으로 보면 된다.

②
훈련 데이터를 이용해 데이터의 규칙을 찾아 학습을 완료한다. 학습이 완료된 모델은 실제값과 예측값 사이의 오차가 작은 함수(여기서는 직선)라고 생각할 수 있다. 데이터 사이의 관계 또는 분포를 잘 표현한 함수라고 생각해도 된다. 학습이 완료된 모델은 새로운 데이터를 예측할 수 있는데 여기서 AI 모델은 공공자전거 대여량을 516으로 예측했다.

③
(정답)
AI 모델이 예측한 값이 실제값과 차이(오차)가 작을수록 성능이 좋은 딥러닝 AI 모델이다.
(해설)
머신러닝은 거리, 확률, 정보이론 등을 이용하여 학습하지만 딥러닝은 오차를 기반으로 학습한다. 즉, 오차를 작게 만들기 위해 학습된다.
오차가 작은 직선을 잘 찾았다면 학습이 잘된 것이고, 새로운 데이터에 대한 예측을 잘할 수 있는 것으로 평가된다.
그래서 학습이 완료된 모델은 새로운 데이터가 들어 왔을 때 공공자전거 대여량을 잘 예측할 수 있을 것이다.

Q6-3

①
(정답)
FC 레이어의 수는 입력층과 출력층을 제외한 은닉층의 개수를 의미한다. 따라서 그림의 딥러닝 모델은 은닉층이 2개이므로 FC 레이어의 수가 2개이다.

②
(정답)
FC 레이어의 크기는 하나의 은닉층이 가진 노드(뉴런) 개수를 의미한다. 따라서 은닉층1, 은닉층2는 각각 노드의 개수가 20개 이므로 FC 레이어의 크기가 20이다.

③
(정답)
FC 레이어의 수: 3
FC 레이어의 크기: 5
(해설)
FC 레이어의 수는 입력층과 출력층을 제외한 은닉층의 개수이므로 3개이다. FC 레이어의 크기는 각각의 은닉층의 노드 개수이므로 5개이다.

Q6-4

①
(정답)
㉠ 50 ㉡ 0 ㉢ 150
(해설)
활성함수는 양수일 때 그 값을 그대로 출력하고, 음수일 때는 0으로 출력한다.
㉠은 입력층과 파라미터 값을 이용해 50의 양수이므로 50을 그대로 출력한다.
㉡은 -20의 값이 음수이므로 0으로 출력한다.
㉢은 150의 값이 양수이므로 150 그대로 출력한다.

②
은닉층의 1번째 노드는 10×2+30×1=50
은닉층의 2번째 노드는 10×1+30×(-1)=-20
출력층의 노드는 50×3+0×1=150

③
㉠ 220
㉡ 220
오차: 30
㉠은 50×4.4 + 0×(-1) = 220
㉡은 220 값은 양수이니 활성함수를 통과해도 220
오차는 '실제값 - 인공지능이 예측한 값'이므로 250-220=30
오차가 100에서 30으로 줄었으므로 학습이 잘되었음을 의미한다.

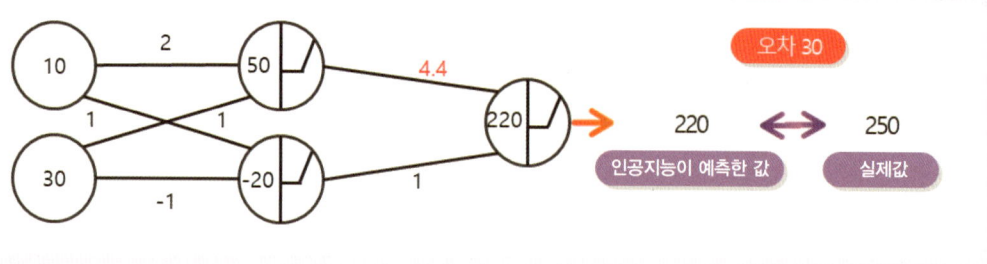

Q6-5

①
(정답)
메모리의 용량이 충분하다면 훈련 데이터 4,116개를 한 번에 집어넣을 수 있겠지만 메모리 용량의 한계 때문에 한 번에 데이터를 처리할 수 없다.

②
(정답) 42번
(해설)
훈련 데이터 수는 4,116개이므로
4,116/100= 41.16이므로 42번이다. 마지막 42번째는 16개만 입력될 것이다.

③
(정답)
훈련 데이터 4,116개가 모두 입력되면 1epochs라고 한다.
(해설)
모델의 성능을 향상시키기 위해 훈련 데이터를 여러 번 반복해서 학습해야 한다.
반복 횟수는 epoch이지만 여러 번 반복하므로 프로그램을 구현할 때는 복수형(epochs)으로 사용한다.

Q6-6

①
조기종료는 오차가 더 이상 줄어들지 않는 부분을 체크하여 불필요한 학습을 조기에 종료하는 기술적인 방법이다.

②
반복 횟수가 늘어나면 훈련 데이터는 점점 더 잘 맞추게 되어 오차가 줄어든다. 하지만 새로운 데이터인 검증·테스트 데이터에서는 잘 예측하기 힘들어진다. 이것을 오버피팅(overfitting)이라고 한다. 오버피팅은 필요 이상으로 학습되어 새로운 상황에 잘 대처하지 못하는 것을 뜻한다. 오버피팅은 중요한 이론이지만 여기서는 간단히 이해하고 넘어가기 바란다.

Q6-7

①
그림에서 파란색 점(데이터)이 3개 있다. w값을 0부터 시작해서 0.4씩 증가시켜 가면서 데이터 간의 오차를 전부 다 계산한다고 해보자.
w=0일 때는 오차가 3이고, w=0.4일 때 오차는 0.8이 된다. 이렇게 w값을 0.4씩 계속 증가해서 파악해보면 오차가 가장 작은 부분은 w=0.8이다.
오차가 가장 작은 w=0.8을 찾아 파라미터 값을 조절하는 알고리즘을 최적화라고 한다.

②
학습률(learning rate)이란 훈련을 시키는 양 또는 단계를 말한다. 예를 들어, 최소의 오차값을 구하기 위해 w=0.4씩 증가시켰을 때의 0.4, 즉 오차를 찾는 간격이 학습률이다. AI 모델을 학습할 때 학습률을 조정하여 오차를 빨리 찾을 수도 있고 천천히 찾게 할 수도 있다.

모범 답안

Q6-8

(정답)
오차 = 실제값 - AI 모델이 예측한 값.
MAE(mean_absolute_error)는 평균절대오차.
MSE(mean_squared_error)는 평균제곱오차.
단순히 오차를 구하면 음수가 나오는 경우를 고려할 수 없으므로 음수를 방지하기 위해 절댓값이나 제곱을 한다. 그림에서 실제값과 인공지능이 예측한 값에서 직선의 윗부분은 오차가 양수, 직선의 아랫부분은 음수가 나오므로 서로 더해서 오차가 없는 것으로 오해될 수 있다.

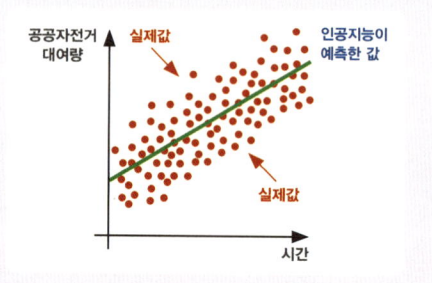

(정답)
MAE가 0.7427, MSE가 0.8092의 숫자만으로는 얼마나 성능이 좋은 모델인지 확인하기 어렵다. 따라서 결정계수를 사용해야 한다.
결정계수(R2)는 [0,1] 0과 1 사이의 값으로 변환하여 1에 가까울수록 좋은 모델이다.
R2가 0.2505라면 약 25%의 설명력을 가진 모델이라는 뜻이므로 직관적이고 쉽게 모델의 성능을 파악할 수 있다.

Q6-9

(정답)
MAE : 0.6487486
(해설)

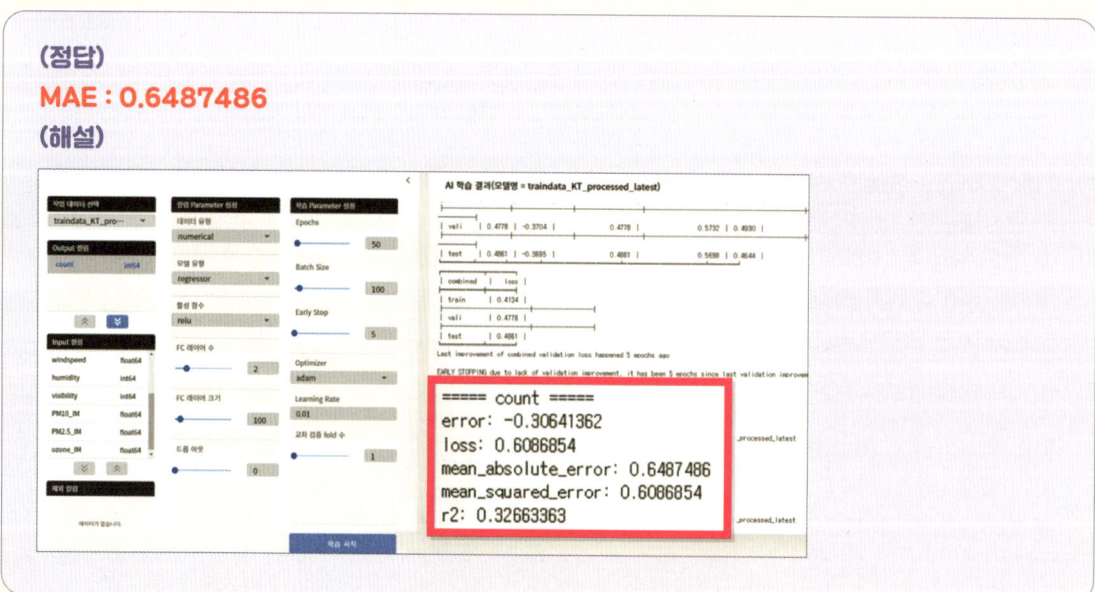

Q7-1

(정답) **PM10(PM10_IM)**
(해설)
미세먼지 농도는 공공자전거 대여량에 많은 영향을 끼치는 것으로 분석이 된다. 미세먼지가 많은 날은 외출을 꺼려 자전거를 타지 않았을 확률이 높다.

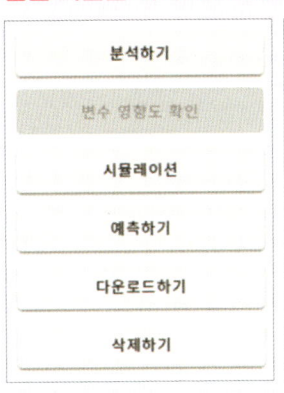
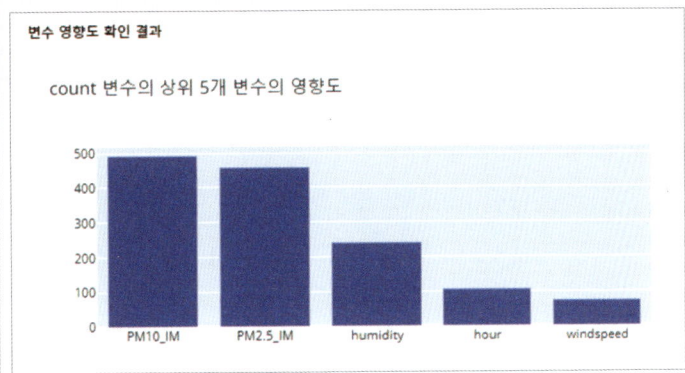

Q7-2

(정답)
401.91
(해설)
'시뮬레이션' 메뉴를 클릭하고 주어진 값을 하나씩 입력하고 '자동호출'을 체크하면 시뮬레이션 결과 401.909의 값을 얻을 수 있다. 소수점 3자리에서 반올림하여 2자리까지 나타내면 401.91이다.

모범 답안

본 책에 대한 문의사항은 AICE 홈페이지(http://aice.study)의 FAQ를 참고하거나 help@aice.study로 보내주세요.

AICE JUNIOR 실습편

초판 1쇄 인쇄	2023년 8월 15일
초판 1쇄 발행	2023년 8월 25일
지은이	최정원·박지훈·서성원·김형기·권현기·오채은
감수자	KT NexR Data Science팀
발행인	이재진
Udemy사업단장	박민규
편집	안승환
디자인	Desig 김진영
마케팅	최혜진 이인국
제작	정석훈
브랜드	웅진윙스
주소	경기도 파주시 회동길 20
문의전화	02-6744-0011(편집) 031-956-7089(마케팅)
홈페이지	www.wjbooks.co.kr
페이스북	www.facebook.com/wjbook
포스트	post.naver.com/wj_booking
발행처	㈜웅진씽크빅
출판신고	1980년 3월 29일 제406-2077-000046호
ISBN	978-89-01-27424-9 13000

*웅진윙스는 ㈜웅진씽크빅 단행본사업본부의 브랜드입니다.
*저작권법에 의해 보호를 받는 저작물이므로 무단 전재와 무단 복제를 금지하며,
　이 책 내용의 전부 또는 일부를 이용하려면 반드시 저작권자와 ㈜웅진씽크빅의 서면 동의를 받아야 합니다.
*이 책에 사용된 일부 이미지는 저작권자와 연락이 닿지 않았습니다. 저작권자를 찾는 대로 저작권 사용료를 협의하여 지불하겠습니다.
*책값은 뒤표지에 있습니다.
*잘못된 책은 구입하신 곳에서 바꾸어드립니다.